Ivo Schmidt

Gleis ins Glück

Abgefahrenes vom Bahnreisen

Bibliografische Information der Deutschen Nationalbibliothek:
Die Deutsche Nationalbibliothek verzeichnet diese Publikation in
der Deutschen Nationalbibliografie; detaillierte bibliografische
Daten sind im Internet über http://dnb.dnb.de abrufbar.

Zeichnungen: Dieter Hermenau
Umschlaggestaltung: Berit Schirrow

Herstellung und Verlag: BoD – Books on Demand, Norderstedt

ISBN: 978-3-8482-5699-0

Inhaltsverzeichnis

Prolog

Es bimmelt. Ein Mann quetscht sich gerade noch durch die Türen der S-Bahn, bevor sich ihre Gummilippen küssen. Er stöhnt kurz, aber stolz auf, und wirft einen triumphierenden Blick in die Runde der Mitreisenden, weil er den Aufsprung geschafft hat. Die versammelten Köpfe heben sich apathisch, zollen dem Bahntakt-Bezwinger aber keinen Respekt. Der Moment verpufft und die Reisenden widmen sich wieder ihren bisherigen Beschäftigungen: Buch, Zeitung oder gedanklicher Leere. Vereinzelte Gespräche und flüchtiges Schnarchen, untermalt vom Surren der Bahn, bilden die Klangwelt im Waggon.

Die morgendliche Fahrt zur Arbeit ist meist der kleinste gemeinsame Nenner der regelmäßigen Bahnnutzer. In den Verkehrsmitteln für jedermann zusammengepfercht, pulsieren sie im Rhythmus des 'Öffentlichen Personennahverkehrs' (ÖPNV), der täglich Zigtausende Menschen zur Schule, Universität oder Arbeit verfrachtet. Da spielen sich kleine Dramen ab und es geht psychologisch hoch her in diesen rollenden Rattenkäfigen.

Inmitten meiner Mitfahrer sitze ich wie eine Laborratte. Darin unterscheide ich mich nicht von den anderen, und doch sind wir kleinen Ratten alle auf unsere Weise einzigartig.

Jeden Werktag tingele ich eine halbe Stunde mit der S-Bahn bis zu meinem Zielbahnhof im Herzen Berlins: Friedrichstraße. Die dreißig Minuten werden mir nicht langweilig, weil ich die Reisezeit für mich nutze: mit Lesen, Musikhören oder mit Arbeit am Notebook. Mein Pendlerglück wäre fast perfekt, kämen da nicht die Mitreisenden ins Spiel, die mir die Aufmerksamkeit rauben und an meinen Nerven nagen. Sie stören mich (und andere) mit fistelndem Gekrächze aus ihren Kopfhörern, mit Palaver über Nichtigkeiten, mit Essen, Trinken, Stinken, Singen oder Schnarchen – ihr Waffenarsenal ist groß und mobil. Doch die Mitreisenden sind nicht die einzigen Nervensägen. Auch Technik und Personal sorgen für abwechslungsreiche Intermezzi an Zwischenfällen: Gequietsche, Gerüttel, Verspätungen, Fahrkartenkontrollen.

Aber es flimmert Licht am Ende des Tunnels, denn Bahnfahren ist auch sehr unterhaltsam: Ich kann über die schrägen Durchsagen des übermüdeten Zugführers schmunzeln, komme von Zeit zu Zeit mit wildfremden Leuten ins Gespräch oder erhalte die Gelegenheit, die Spezies 'Fahrgast' in freier Wildbahn zu studieren. Mir gefällt die zusätzliche Lesezeit, weil daheim nicht immer Gelegenheit für diese schöne Beschäftigung ist. Außerdem reise ich in der Bahn risikoarm, ökologisch korrekt und muss im Winter die Frontscheibe meines Autos nicht freikratzen. Bahnfahren hat so viele Vorteile!

Dieses Buch unternimmt den wagemutigen Versuch, die psychologischen, sozialen und technischen Besonderheiten des Bahnfahrens auszuleuchten; seine guten wie schlechten Seiten. Es spinnt ein Netz aus Beobachtungen, lebenswichtigen Informationen gestützt auf einschlägige Literatur, vagen Vermutungen und gefährlichem Halbwissen.

Die Bahn ist der Ausgangspunkt meiner Überlegungen, aber die gewonnenen Erkenntnisse lassen sich *groß-zügig* auf viele Situationen und Verkehrsmittel übertragen: überall dort, wo auf engem Raum fremde Menschen miteinander Zeit verbringen – Bus, Bahn, Flugzeug oder das Wartezimmer beim Arzt.

Die Bühne ist die Bahn. Die Schauspieler sind Sie, die Mitreisenden, das Personal und die Technik. Ein Geflecht aus Wechselwirkungen und Ursachen.

Bei der Bahn hat der Reisende an jeder Station die Möglichkeit ein- oder auszusteigen, und genauso ist dieses Buch gestrickt: Einstieg oder Ausstieg sind bei jedem Abschnitt einfach, weil die einzelnen Passagen thematisch in sich geschlossen sind. Die Kürze der Etappen ermöglicht ein getaktetes Lese-Erlebnis und erleichtert die Wiederaufnahme des Fadens bei einem erneuten Reiseantritt. Das vorliegende Werk ist also die ideale Bahnlektüre. Die zahlreichen Fußnoten dienen der Vertiefung, nicht der Abschreckung.

Eine Fahrkarte als Lesezeichen ist nicht zwingend, kann aber hilfreich sein, um den Mitreisenden den Eindruck besonderer Hingabe ans Bahnfahren zu vermitteln. Allerdings ist es strengstens untersagt, dieses Buch woanders als in Bahn oder Bahnhof zu lesen. Zuwiderhandlungen werden mit langweiligen Abhandlungen zum Bahnrecht und verspäteten Anschlusszügen – nicht unter 30 Minuten – geahndet.

Ärgernisse beim Bahnfahren

Ein Überblick

Wissentlich oder unwissentlich treibt mich so manche menschliche Bahnfracht in den Wahnsinn. Auch das organisatorische und technische Bahn-Drumherum verlangt einem viel ab.

Das Universum der Ärgernisse beim Bahnfahren ist also groß und unübersichtlich, lässt sich aber in folgende Kategorien einteilen:

Ärgernis	Beispiel
Akustisch	Nerviges Gezischel aus Kopfhörern
Räumlich	Revierkampf um den Sitzplatz
Vestibulär*	Im Neigezug auf die schiefe Bahn geraten
Optisch	Die Sonne blendet den Bücherwurm
Geruchlich	Alle Macht den Ausdünstungen
Elektromagnetisch	Verstrahlung durch Elektrosmog
Klimatisch	Arktische Kälte im ICE
Infektiös	Viren zu Gast an der Haltestange
Zeitlich	Halt auf unbestimmte Zeit
Sozial	Wer kontrolliert die Kontrolleure?
Monetär	Ticket essen Monatslohn auf
Organisatorisch	Hilflos vor dem neuen Fahrplan

* den Gleichgewichtssinn betreffend

Akustische Ärgernisse: Lästige Lärmspitzen

Lärm ist das Geräusch der anderen. (Kurt Tucholsky)

Bahnhof und Bahn sind kein Hort der Stille. S- und U-Bahnen verkehren in städtischen Lebensräumen, deren Bewohner gelernt haben, von mehr Lärm umgeben zu sein als Menschen in ländlichen Gegenden, wo sich eher Fernbahnen durchs Grüne schlängeln.

Beim Bahnfahren umspült mich ein gleichmäßiges, akustisches Grundrauschen. An diese Geräuschkulisse gewöhnt man sich schnell, denn das Gehirn blendet sie aus und ermöglicht aktive geistige Tätigkeiten, z.B. Lesen, oder passive Beschäftigungen wie ein Nickerchen. Woran ich mich dagegen nicht gewöhnen kann, sind die unregelmäßigen und piepsigen Lärmereien einiger Fahrgäste, sagen wir Handy-Klingeltöne oder Musik aus Kopfhörern. Dazu kommen noch lautstark geführte Gespräche. Nicht von ungefähr gibt es Ruheabteile in einigen Fernzügen, die ganz der Vermeidung der akustischen Ärgernisse gewidmet sind. Sie haben dummerweise den Nachteil, dass der Bahnfahrer sie nicht auf Anhieb erkennt, weil sie nur mit einem kleinen Pssst-Schild markiert sind.

Eine Umfrage der Zeitung "Berliner Woche" ergab, dass sich 94% der Bus- und Bahnreisenden von Handy-Quatschern und Musikhörern belästigt fühlen.[1] Die Lebensgewohnheiten haben sich durch Entwicklung der modernen Kommunikationsmittel geändert; Letztere erlauben nun permanente Unterhaltung und Beschallung, meist zum Nachteil der Mitreisenden.

Wenn andere den Ton angeben

Knopf im Ohr

Viele Reisende benutzen zum Zwecke des Musik- oder Hörbuchgenusses kleine Ohrhörer. Sie sehen damit aus wie Hightech-Steiff-Tiere mit 'Knopf im Ohr'. Einige qualitätsbewusstere Musikliebhaber verwenden die sogenannten Muschelkopfhörer, die dem Ohr aufliegen oder es umschließen.

Ab einer gewissen Lautstärke massiert das Hören von Musik nicht nur das Trommelfell des (aktiven) Musikhörers, sondern strapaziert auch die Nerven der anderen Mitreisenden. Sie werden ungewollt zu passiven Musikhörern, wenn sich die Schallwellen den Weg auch in ihre Ohren bahnen. Passivhören mag der eigenen Gesundheit nicht so schaden wie Passivrauchen, nervt aber mindestens genauso. Je nach Bauart der fraglichen Kopfhörer dringt mehr oder weniger Schall nach außen – die hochgeregelte Lautstärke des Delinquenten tut ihr Übriges dazu.

Die kleinen MP3-Biester vermitteln dem aktiven Musikhörer einen intensiven Musikgenuss; je lauter, desto besser. Die Passivhörer wollen dagegen gar keine sein. Sie werden mit hochfrequenten Tönen gequält: ssst, ssst, zick, zisch, ssst, ssst, zick, zisch … Rücksicht nehmen wäre in diesem Fall einfach: Je tiefer sich der primäre Musikhörer die Stöpsel in die Gehörgange presst, desto weniger belästigt er seine Umwelt. Im Zweifelsfall: Lautstärke runter!

Die lauten Aktivhörer strapazieren zunächst einmal die Gesellschaft durch unmittelbare Beschallung. Darüber hinaus sinkt die Hörschwelle der MP3-Player-Nutzer und sie hören vorübergehend schlechter. Dies zeigten Untersuchungen von belgischen Wissenschaftlern, bei denen Versuchspersonen eine Stunde laute Musik (um 100 Dezibel) aus dem MP3-Player hören mussten.[2] Dadurch schaden sie sich selbst und gehen anderen auf die Nerven. Langfristig gesehen, wird die Gesellschaft Jahre später erneut belastet: Aufgrund des hemmungslosen Musikkonsums erleiden die Musikhörer nämlich Spätfolgen, z.B. Schwerhörigkeit oder Tinnitus. Die Gemeinschaft darf dann für die Arztbesuche und Therapien des fährlässigen MP3-Junkies aufkommen.

Begrüßenswert wäre also die Errichtung eines Abgaben-Fonds für Hörgeschädigte. Dabei könnte auf jedes mobile Abspielgerät eine Gebühr erhoben werden, ähnlich der Urheberrechts-Abgabe für kopierfähige Geräte (Scanner, CD-Brenner, …) und Medien (USB-Stick, Festplatte etc.). Mithilfe dieses Fonds könnte die Prävention oder Therapie von MP3-Schwerhörigkeit unterstützt werden. Die Bundeszentrale für gesundheitliche Aufklärung würde dann auf großen Werbeplakaten und jeder Geräteschachtel mahnen: "Hörst Du MP3 zu laut, die Taubheit bald den Spaß Dir raubt".

Wohlstandsblästerchen

Es sind immer Jugendliche – es ist immer krächzend – es ist meist Charts-Gedudel: Die Rede ist von der musikalischen Begleitung aus Handy-Lautsprechern. Verglichen mit der blechernen Klangqualität eines Handys gibt selbst die elektrische Zahnbürste mit dem anzüglichen Namen "Oral-B" harmonische Klänge von sich. Während bei Zahnbürsten der technische Fortschritt voranschreitet, stagniert er anscheinend bei der Musik-Qualität aus Handy-Lautsprechern. Vielleicht liegt das daran, dass die internen Lautsprecher minderwertig sind oder das Handy nicht genug Platz als Resonanzraum für einen guten Sound bietet.

In den Regalen von Media Markt und Saturn springen einem externe Lautsprecher für Handys und MP3-Player ins Auge, denen ich glücklicherweise noch nicht in der Bahn begegnet bin. Die vereinzelten krächzenden Handys sind mir dann doch lieber als eine saftige Vierviertel-Bassdrum aus einem externen Lautsprecher. Dann hätte ich ja nur noch die Wahl zwischen phonetischer Pest und klanglicher Cholera.

Wer nun allerdings denkt, die mobilen Lautsprecher seien ein Trend der Teenager von heute, der irrt: Schon in Zeiten des Kassettenrekorders trug meine Clique ein entsprechendes Gerät mit sich herum. Es wurde auf die Schulter gestemmt und in schleppendem Gang transportiert. Aus diesem Brüllwürfel wummerte dann pechschwarzer Rap und alle Anwesenden wurden von der Wucht des Sounds erfasst.

Weil diese Verhaltensweise aus den Ghettos der USA übernommen wurde, wurde das Gerät in den 80er Jahren kraftvoll aber politisch-unkorrekt 'Ghettoblaster' genannt. Dass so ein Wohlstandsbube wie ich damals die US-amerikanische Ghetto-Kultur in sich aufsog, ist natürlich etwas völlig anderes, als das, was die heutigen Teenies treiben, nicht wahr?

Die scheppernden Handys sind also sozusagen Wohlstandsblästerchen der Gegenwart. Die Berliner Verkehrsbetriebe (BVG), in der Hauptstadt zuständig für U-Bahnen und Busse, haben die Zeichen der Zeit erkannt und betreiben Prävention mit den Sprüchen "Ein Handy ist kein Lautsprecher" und "Musik aufs Ohr – nicht auf die Nerven". Hoffentlich lesen die Kids bildungsferner Haushalte diese Slogans auch – oder sollte die BVG ihre Botschaften besser per MP3-Download überbringen?

Argwohn mit dem Klingelton

Es war zu einer Zeit, als die Handys noch eindimensional klangen und weder mehrstimmig (polyphon) waren noch Geräuscheffekte oder Musikhäppchen als Klingelton abspielen konnten. Die Mobiltelefone der Jahrtausendwende beglückten ihre Besitzer und andere Mithörer durch Kakophonien, ihre Klingeltöne waren simpel und nervig.

Die mobile Technik steckte noch im Strampelanzug und es gab nur wenige verschiedene Klingeltöne. Dieser Missstand führte bei Bahnfahrten dazu, dass beim Ertönen des Standardtons eines Nokia-Handys mehrere Mitreisende genauso synchron wie hektisch nach ihrem Mobiltelefon suchten, um das Gespräch entgegenzunehmen. Die Telekom-Handys kündigten einen Anruf mit jener unverwechselbaren Melodie an, mit der sich heutzutage nur noch hartgesottene Retro-Fanatiker in der Öffentlichkeit outen.

Mit besserer Technik und Marktdurchdringung kamen die polyphonen Klingeltöne und es ließen sich Musikhäppchen sowie eigene Aufnahmen verwenden. Mittlerweile kann man Klingeltöne zu jedem erdenklichen Medienprodukt erwerben, sei es Film, Computerspiel oder Lebensphilosophie. Zahlungswillige Teenager laden sich Filmchen aufs Handy, in denen sich zwei Zeichentrick-Kaffeetassen beschimpfen, oder Filme von Sweety, einem total süßen, übergewichtigen Küken mit riesigen Augen, das schon vor 50 Jahren ein Trickfilm-Star war.

Der Industriezweig hat Teenager mit verlockenden Klingelton-Abonnements das Geld aus den Taschen gezogen und sich daran gesundgestoßen; "Jedes Tönchen ein Milliönchen" titelte 2005 die Frankfurter Allgemeine Zeitung treffend.[3] Inzwischen gibt es genug Möglichkeiten, eigene Anrufsignale für die mobile Quäke zu erstellen.

Früher war ich schnell genervt, wenn Handys bimmelten. Mittlerweile bin ich daran gewöhnt, wie wahrscheinlich die meisten meiner Mitreisenden. Manchmal entzückt mich die Vielfalt der Klingeltöne sogar: Sie wecken Erinnerungen an alte Hits und vergessene TV-Serien oder sind einfach nur lustig. Nicht zuletzt geben sie etwas über die Persönlichkeit des Reisenden preis: "Lass mich Deinen Klingelton hören und ich flüstere Dir, wer Du bist."

Um diese vage Vermutung auf unsichere Pauschalisierungen zu stützen, habe ich folgende messerscharfe Beobachtungen zusammengestellt:

Klingelton-Typ	Persönlichkeitstyp des Benutzers
Musikstil	
Aktueller Chart-Hit	Hip, jung, aber oberflächlich; Fashion-Victim
Schnuffel-Häschen	Weiblich, Teenager, mit Diddl am Rucksack
Après-Ski-Hits	Männlich, mit Münz-Mallorca-Bräune
Gitarrengeschrammel	Ein Rocker, ein Zocker, ein richtiger Kerl
Klassik	Intellektueller, klassischer Musiker
Jazz	Geistreicher Genießer; in die Jahre gekommen
Vibrationsalarm, ohne Ton	Zurückhaltender Mensch
Film-und-TV-Musik	
Kinderfilm oder –serie	Spaßmacher, der gerne Leute ärgert
Miss Marple	Krimi-Liebhaber
Raumschiff-Enterprise	Verkorkster 'Trekkie'
Star Wars	Verspielter, nie erwachsen gewordener Typ
Crank*	Lebenslustiger Filmliebhaber
Musikepoche	
70er Jahre (oder früher**)	Alt-Hippie
80er Jahre	Langweiler mit Schulterpolstern
90er Jahre	Bald-Langweiler

* "Crank" ist ein kunstvoller Actionfilm aus dem Jahr 2006 mit Jason Statham, der darin ein Handy mit einem sehr charakteristischen – gar wie betrunken wirkenden – Klingelton besitzt.

** Weiter als in die 70er reicht der musikalische Horizont des Autors leider nicht.

Von solchen Pauschalisierungsversuchen einmal abgesehen, gibt es tatsächlich eine Beziehung zwischen Persönlichkeitstyp und Klingelton: Eine Umfrage in Großbritannien zeigte 2007, dass 97% der Befragten das Anrufsignal ihres Gegenübers zur Persönlichkeitsbeurteilung verwenden und dass sich 80% schon einmal für ihre eigene Klingeltonwahl geschämt haben.[4] Die Befragten wechselten jedes Jahr im Durchschnitt 3,4-mal ihren Rufton.

Trotz Vielfalt und Unterstützung des Persönlichkeitsausdrucks-können auch die schönsten Klingeltöne nerven, wenn sie im Stakkato durchprobiert werden: Ich erinnere mich beispielsweise daran, wie ich von einem Mittdreißiger in der Bahn geplagt wurde, der aus purer Langeweile und mangelnder Nächstenliebe sein Klingelton-Repertoire durchprobierte. Er saß entspannt auf dem Sitz und ließ seinen Daumen über die Tasten gleiten, wobei er dem Gerät alle fünf Sekunden einen neuen Missklang entlockte. Zwischendurch guckte er hoch, wie ein Huhn während der Pick-Intervalle. Endlich fing er meinen finsteren Blick auf. Die Klingelton-Häppchen verstummten. Mein zorniges Antlitz hatte Wirkung gezeigt und es stand 1:0 für mich. Doch die Ruhe währte nur kurz, denn jetzt klingelte *mein* Handy. Verlegen nahm ich das unerwünschte Gespräch entgegen und mochte aus Scham nicht in die Augen des gedemütigten Klingelton-Testers schauen, der damit zum 1:1 ausglich.

Tasten zum Ausrasten

Snakes on a train

Die bunte Welt der Unterhaltungselektronik hält noch mehr Gemeinheiten bereit, um gereizte Nerven zu strapazieren. Da gibt es etwa jene Spezies von Mitreisenden, die mit ihrem Handy Videospielklassiker daddelt. Ein bekannter Fall ist "Snake", bei dem der Spieler eine Schlange durch ein Spielfeld steuert. Sie soll Futter aufnehmen und wird mit jedem Happen länger. Die Berührung des Spielfeldrandes oder des eigenen Schwanzes führen zum Tod (ähnlich wie in erzkonservativen Internaten).

An einem miesepetrigen Regentag saß ich in der Bahn einem jungen Mann gegenüber, den ich Rübennase taufte, in Anlehnung an den Film "Das Leben des Brian". Rübennase schmückte sich mit einer Vokuhila-Frisur* und einer weiß-schwarz-gemusterten Trainingshose aus Ballonseide. Es fehlten nur noch die Badelatschen, um dem Klischee eines Prolos gerecht zu werden. Er spielte Snake mit voller Lautstärke. So konnten alle im Bahnwaggon mitverfolgen, ob Rübennases Schlange einen Fehler machte (= depressiver Ton: bliiip) oder ob sie einen Futterhappen fand und wachsen konnte (= freudiger Ton: bliiing). Rübennase hatte

---

* Vokuhila ist die Kurzform für vorne-kurz-hinten-lang und bezeichnet den entsprechenden Haarschnitt.

die Ohren, Blicke und Aufmerksamkeiten aller Mitreisenden auf sich gezogen, es aber in seiner Snake-Welt nicht bemerkt. Checken Leute wie Rübennase überhaupt noch etwas? Bliiip!

Einige Tage später traf ich Rübennase wieder in der S-Bahn an, dieses Mal mit der Frucht seiner Lenden im Schlepptau: Sein fünfjähriges, gut genährtes Töchterchen spielte jetzt Snake auf seinem Handy, zum Leid der Fahrgäste immer wieder. Rübennase las gemütlich in seiner Kicker-Zeitschrift und störte sich nicht an dem elektronischen Gezwitscher. Glücklicherweise hüpften die beiden drei Stationen später aus der Bahn und wir anderen hatten wieder unsere Ruhe.

Doch leider fuhr dieses Dreamteam jetzt regelmäßig morgens mit mir in Richtung Berlin. Das Töchterchen wurde weiterhin mit Bliiing und Bliiip ruhiggestellt, damit Rübennase sich seiner morgendlichen Zeitungslektüre hingeben konnte. Meine Konzentration verflüchtigte sich durchs ständige Fiepsen wie reiner Alkohol auf einer heißen Herdplatte. Game Over!

Business-Tamagotchis

Früher – vor dem Durchbruch der Smartphones – gab es kleine Mini-Computer im Handy-Format mit elektronischem Kalender und allerhand Schnickschnack, sogenannte 'Personal Digital Assistents (PDA). Sie beglückten ihre Umwelt mit allerhand Pieps- und Knacktönen und die Abkürzung PDA hätte auch für Piepsig-Dusselige-Arbeitsgeräte stehen können. Ich war selbst stolzer Besitzer eines solchem Business-Tamagotchis und wusste genau, welche Aktion auf dem Gerät welchen dusseligen Ton hervorrief.

Mein erster Handgriff bestand damals darin, diese unnützen Geräuscheffekte abzuschalten, um Trommelfell und Nerven der Mitreisenden zu schonen. Leider kamen nicht alle Nutzer auf diese Idee, vielleicht weil sie nicht wussten, *dass* die Töne überhaupt abstellbar waren oder *wie* sie abgestellt werden konnten; vielleicht aber auch, weil es ihnen egal war, ob sie ihre Umwelt malträtierten. Und was dachten sich eigentlich die Hersteller dabei, Geräte mit voreingestelltem Tasten-Knackton zu produzieren, wie es damals bei den Siemens-Handys der Fall war? Knack-knack-knack – jeder Tastendruck ein Schallwellenpaket. Glücklicherweise sind diese Ärgernisse in Zeiten von Touchscreen-Geräten passé. Doch der Alltag ist immer noch gefüllt mit nervig-quäkender Technik, z.B.:

- der Gefrierschrank, der piepst, wenn man zu lange in dessen Schublade wühlt;
- der Toaster, der fiepst, wenn er mit seinem Bräunungsauftrag fertig ist;
- der Computer, der beept, wenn an einer unliebsamen Stelle geklickt wird;
- der Müllwagen, der tiriliert, wenn er rückwärtsfährt;
- der Wecker, der zwitschert, wenn ich aufstehen soll.

… und dann noch der Fluch des lauten QWERTZ.

Die lauten QWERTZ

"Sie platzieren ihre Utensilien auf dem Tisch und verhalten sich wie Schüler während einer Klassenarbeit: Sie warten ungeduldig, bis der Laptop hochgefahren ist. [...] Nach ihrem essentiellen Telefonat tippen sie laut in ihre Laptop-Tastatur". So beschreiben die Autoren Holmes & Reeves die typischen Business-Bahnreisenden.[5] Das sind die lauten QWERTZ, benannt nach den ersten sechs Buchstaben links oben auf der deutschen Computer-Tastatur. Sie sind fleißige Bienchen, die auf das Keyboard eindreschen. Sie rackern engagiert für ihre Königin 'Arbeit' und injizieren ihren geistigen Nektar in Excel-Tabellen oder E-Mails.

Der akustische Stuhlgang dieser Tätigkeit ist ein unrhythmisches, nervöses Getippe, begleitet von hektischen Doppelklick-Ergüssen. Zudem nörgeln die Rechner einiger Zeitgenossen mit murrenden Tönen, wenn ihr Herrchen etwas verpatzt hat, z. B. nach falscher Passwort-Eingabe beim Betriebssystem-Oldie Windows XP. In unregelmäßigen Abständen schweigt das Instrumentarium aber auch, und ein stöhnendes Raunen (oder ein raunendes Stöhnen?) des QWERTZ füllt die klickfreie Pause. Doch der Einsatz des nächsten Tipp-Stakkatos folgt auf dem Fuße.

Es war eine jener Bahnfahrten, bei denen ich schon bei Antritt schlecht gelaunt war. Ein mir gegenübersitzender Tastatur-Akrobat knüppelte dermaßen laut auf sein Notebook ein, dass ich mich nicht auf mein Buch konzentrieren konnte. Meine Gedanken konnten sich nicht sammeln, denn das lästig-hektische Tippgeräusch nagte an meiner Aufmerksamkeit. Als ich kurz davorstand, zu explodieren und den Verursacher des Tipp-Gewitters zu bitten, doch etwas sachter auf die Plaste-Tasten zu klopfen, erledigte sich die Angelegenheit plötzlich von selbst: sein schwacher Akku drehte ihm den Elektronen-Hahn ab. Silentium statt Pentium!

Natürlich gäbe es andere Möglichkeiten, die praktischen portablen Computer mit Informationen zu füttern. Aber bitte keine Spracherkennung, sonst würden die QWERTZ genauso in die Leere brabbeln wie Passanten mit Handy-Headset. Dann würden harsche Spracherkennungsbefehle die Bahn kontaminieren, wenn Reisende ihre Texte diktieren und fehlerhafte Eingaben korrigieren: "Streich das!!!", "Rückgängig!!!", "Neue Zeile!!!", "Bahn, nicht Hahn! Streich das! BAHN! Buchstabiermodus [kleinlaut]: B̲erta! A̲nton! H̲einrich! N̲ordpol!". Was für eine schauderhafte Vorstellung!

Mit folgenden Maßnahmen könnte man das Tippen und Klicken am Laptop sinnvoll reduzieren und die Bahnwelt akustisch schonen:

- Touchpads oder Steuernippel anstatt einer Maus benutzen
- Berührungsempfindlichen Bildschirm (Touchscreen) einsetzen
- Stärke des Tastaturanschlags reduzieren
- Leise Tastaturen beim Kauf der mobilen Recheneinheit auswählen
- Tastaturkombinationen verwenden, z.B. STRG und C für 'Kopieren', anstatt die Symbole am Bildschirm anzuklicken. Das verhindert nicht nur das Mausklickgeräusch, welches noch nervtötender ist als das Tippgeräusch, sondern erhöht auch das Arbeitstempo.
- Apple-Computer (bzw. entsprechendes Betriebssystem) verwenden, denn da gibt es keinen Doppelklick.
- Baumwoll-Handschuhe tragen, um das Tippgeräusch zu dämpfen (OK, das ist ein bisschen übertrieben …)

 **Besser Bahnen: Der Laptop**

Laptops sind nicht nur zum Arbeiten ideal, sondern auch ansonsten das Schweizer Messer des Zeitvertreibs: Fotos gucken, Filme konsumieren, Musik hören, Spiele daddeln, Notizen verfassen, Tagebuch führen, E-Mails schreiben, Bahnverbindungen prüfen, im Internet surfen, abschalten dürfen.

Im Winter können die Klapphirne sogar als vibrierende Schoß-Heizung dienen. Und sie helfen prima bei der Abschottung vor redseligen Sitznachbarn. Doch Vorsicht: Sie geben Mitreisenden ungewollt Einblicke ins Private. Vom magischen Geflimmer geht nun mal eine starke Anziehungskraft aus, der sich ein Sitznachbar kaum entziehen kann. Vorsichtige Gemüter benutzen daher Bildschirm-Blickschutzfilter.

Die elektronischen Helferlein haben noch ein weiteres Manko: Sie sind sehr stromhungrig. Suchen Sie sich daher am besten einen Sitzplatz mit Steckdose. Aber bitte strangulieren Sie nicht Ihre Sitznachbarin mit dem Stromkabel. Besser, Sie achten schon beim Kauf der Platinenflunder auf lange Akkulaufzeit bei akzeptablem Gewicht.

Bahn-Palaver

Können Sie ein bisschen lauter reden? Ich kann Sie so schlecht verstehen, wenn alle anderen hier drin so ruhig sind.[6]

Reden ist Silber

Bahnzeit ist Reisezeit – und Gesprächszeit. Da gibt es einerseits die typischen Unterhaltungen zwischen Bekannten, die über Gott und die Welt quatschen. Wenn es andererseits zwischen Fremden zur Plauderei in der Bahn kommt, ist häufig das Bahnfahren selbst Thema des Smalltalks.

Meistens fahre ich alleine zur Arbeit, und nur selten treffe ich einen Bekannten, mit dem ich meine Gedanken austauschen kann. Also nutze ich diese *züg*-lischen Phasen meines Lebens zum Lesen, Schreiben oder zu anderweitig sinnvollen Beschäftigungen. Leider braucht es für diese Tätigkeiten einen gewissen Grad an Aufmerksamkeit. Genau diese wird durch Gespräche anderer Personen aber gestört. Ich kann mich dann einfach nicht mehr auf die Sache konzentrieren und schweife ständig mit den Gedanken ab, kann mich nicht erwehren, dem Klatsch und Tratsch meiner Nachbarn zuzuhören. Nerven tanzen Synapsentango.

War die Nacht kurz, der Arbeitstag anstrengend oder ist die Lektüre mühselig, gebe ich mich gleich dem Müßiggang hin und lausche bewusst den Gesprächen meiner Mitreisenden. Wo kann man schon so intime Einblicke in das wahre Leben seiner Mitreisenden bekommen, wenn nicht beim Facebook auf Schienen?

Da begegneten mir zum Beispiel eines Tages zwei Freundinnen, die sich am Montagmorgen über ihre Wochenenderlebnisse austauschten, wobei die meisten männlichen Protagonisten schlecht wegkamen. Am Morgen darauf setze ich mich wieder in die Nähe der beiden, um der 'Daily Soap' des silbensabbernden Duos zu lauschen. "Es wird viel passieren", wie es die tägliche ARD-Sendung "Marienhof" einst besang! Ein Freund gestand mir, das bewusste Belauschen schon öfter praktiziert zu haben, und zwar folgendermaßen: Er setzt sich seine Kopfhörer auf, ohne Musik zu hören, verzichtete aber nicht auf das begleitende rhythmische Kopfnicken und den versunkenen Blick. Damit wiegt er seine wortschwalligen Opfer in Abhör-Sicherheit und versüßt sich die Zeit mit ihren Dialogen. Nicht, dass er ein Voyeur oder ein Anhänger von Stasi-Methoden wäre. Er frönt manchmal einfach der Neugier nach Klatsch & Tratsch, die in uns allen schwelt. Nicht umsonst ist 'Das Leben der Anderen' zentrales Thema vieler Boulevard-Magazine.

Und sonst so?

Dass der Fahrgast mit dem Handy *kurz* Bescheid gibt, wann er wo eintrifft, ist akzeptabel. Schließlich rufe ich selbst arbeitstäglich zu Hause an, um die Uhrzeit meines Ankommens zu verkünden. So kann mich die liebe Familie mit offenen Armen und einem Lächeln auf den Lippen empfangen (wie in der TV-Werbung). Dieser kurze Anruf ist für mich und meine Frau eine Art Feierabend-Ritual.

Weniger Verständnis kann ich aufbringen, wenn die Gespräche des Fahrgastes so lautstark und ausgedehnt geführt werden, dass jeder Mitreisende zwangsläufig zum Mit*hörenden* bzw. Mit*wissenden* wird. Noch schlimmer ist es, wenn Belanglosigkeiten Hauptthema des Telefonats sind und das Gespräch zum reinen Zeitvertreib geführt wird.

Auf der Internetplattform YouTube nimmt der "Annoying Cell Phone Guy" dieses rücksichtslose Verhalten auf die Schippe. Beispielsweise sitzt er im Zug in der Ruhezone. Dann holt er sein riesiges, penetrant bimmelndes Handy heraus und brüllt hinein, dass er im Zug unterwegs sei; kein Wunder, dass ihn kurz darauf verärgerte Fahrgäste zurechtweisen.[7] Verlinkt zum Video ist die smarte Webseite www.pleaseshutup.com, die passende Anstandsregeln für Handy-Benutzer in allen Lebenslagen vermittelt, ob in der Bahn oder vor dem Traualtar.

Der Psychologe Roland Kopp-Wichmann sucht in seinem Blog nach Erklärungen, *warum* Menschen in der Bahn lautstark und ohne Rücksicht auf die Mitreisenden telefonieren.[8] Angelehnt an seinen Artikel lassen sich folgende Motive für das hemmungslose Gequatsche im öffentlichen Raum erfassen:

Motiv	Beispiele
Privatsphäre	- Der Handynutzer weitet seine Privatsphäre aus, indem er seine privaten Angelegenheiten in den öffentlichen Raum verlagert. - Er braucht die Nähe von vertrauten Personen. - Er hat Angst, den modernen Verkehrsmitteln beim Reisen ausgeliefert zu sein, und möchte ein Lebenszeichen von sich geben.
Selbstdarstellung	- Er will sein Handy als Statussymbol zeigen. - Er empfindet Lust an der öffentlichen Demonstration, wie wichtig, beschäftigt und unersetzlich er ist; sein Leben birgt viele Dramen. - Er besitzt Stärke, denn er hat die Dinge unter Kontrolle und regelt etwas.
Ökonomisches Handeln	- Er will Zeit sparen und beginnt mit dem Arbeitsalltag in der Bahn, bevor er ins Büro kommt. - Er will seine Handy-Flatrate ausnutzen.
Rücksichtsloser Lustgewinn	- Er liebt Kommunikation und hört sich gerne sprechen.
Anonymität	- Er genießt es, ungestört zu telefonieren, ohne dass Ehepartner, Kinder oder Lästerschwestern zuhören.

Warum irritiert es uns, wenn wir Handy-Telefonate mitanhören müssen? Eine Studie der Universität New York zeigte 2004, dass Fahrgäste sich eher durch Handy-Gespräche gestört fühlen als durch kontinuierliche Unterhaltungen zweier anwesender Personen.[9] Die Befragten schätzten die Lautstärke der Telefonate sogar höher ein als die der gleich lauten Zweiergespräche. Als Erklärung gaben die Autoren der Studie an, dass die Leute bei Handy-Telefonaten aufmerksamer zuhören, weil sie nur eine Hälfte der Unterhaltung mitbekommen.

Das Mithören von solchen Telefonaten kann aber auch unterhaltsam sein, wie folgende Perlen im Blog "Bahn-Spass.de" zeigen (leider sind die seltensten Fahrgäste so sensibel, wie im Falle des ersten Zitats):

- *Ich spreche so leise, um die anderen Fahrgäste nicht zu stören.[10]*

- *Eine Gruppe halbwüchsiger Mädels ist offenbar auf dem Weg zu einer Party. Eine [!] von ihnen holt ihr Handy raus und ruft jemanden an: "Hey Schatz, kannst du Mama anrufen und ihr sa-*

gen, dass ich nicht jetzt, sondern erst mit der letzten Bahn zurückkomme? Danke!"[11]

‑ Ich muss jetzt Schluss machen, mit dem Handy so nah am Kopf, das ist ungesund. Ich bekomme sonst wieder Halluzinationen.[12]

In Gruppen ungenießbar

Bei Gruppen entwickeln Gespräche eine besondere Dynamik. Die enthemmende Wirkung des Alkohols erhöht Lautstärke und Trivialität der Unterhaltung zusätzlich, wie ich oft samstagnachts beobachten konnte und auch schon höchstpersönlich praktizierte.

Während meiner Wander- und Lehrjahre sammelte ich erste einschlägige Erfahrungen in der Deutschen Bahn. An irgendeinem späten Vormittag stieg bei einem Halt am Bahnhof Recklinghausen eine Gruppe von ca. 15 Personen zu. Ihr Gruppenzugehörigkeitsmerkmal bestand aus einem gelben, bedruckten T-Shirt mit der Aufschrift "Kegelclub Pudelkönige". Kaum hatten die Damen und Herren ihre Plätze eingenommen, fingen sie an, winzige Fläschchen mit der Aufschrift "Kleiner Feigling" gegen diverse Oberflächen zu klopfen. Dabei brüllten sie einen Schlachtruf und schütteten sich dann die tollen Tropfen in den Hals.

Das Ritual wurde einige Male wiederholt. Ich fühlte mich wie in einer Zeitschleife gefangen, ähnlich Phil Connors im Film "Und täglich grüßt das Murmeltier". Dieses putzige Trinkritual könnte Heerscharen von Ethnologen zu Studien anregen und würde Außerirdischen, die Menschen als Laborratten unter die Lupe nähmen, Kopfzerbrechen bereiten.

Ein wichtiges Kennzeichen einer Gruppe ist die *geschlechtliche Zusammensetzung*. Während sich eine weibliche Gruppe durch hohe Wortfrequenz mit geringem Informationsgehalt auszeichnet, neigt ein männliches Geschwader zu niedriger Wortfrequenz mit lauten, meist derben Informationen. Ein anderes Merkmal ist das *Alter* der Menschen, welches erheblichen Einfluss auf die Themenwahl hat. Jungvolk redet über Musik, Filme, Beziehungen, Sex oder Drogen, am liebsten aber über Filme, die alle diese Themen in sich vereinen. Die hochbetagten Herrschaften lamentieren dagegen über Krankheiten oder beklagen ihr geringes Freizeitkontingent. Das Gruppenmerkmal *Bildungsferne* – manchmal in Kombination mit *alkoholisiert* auftretend – überzeugt im ungünstigsten Falle mit schmerzhaften schlagkräftigen Argumenten.

Bereits im Vorfeld meide ich in der Bahn potenziell streitsüchtige Menschengruppen (Fußballfans, betrunkene Jugendliche, Pädagogen etc.). Zum Wohle meiner Krankenkasse suche ich mir lieber einen weit entfernten Sitzplatz. Kommunikationswütigen Gruppen (z.B. Seniorinnen) gehe ich dann aus dem Weg, wenn ich in Ruhe reisen möchte. Bei Langeweile suche ich – logischerweise – ihre Nähe, um unterhalten zu werden.

Bahn solo

Aus einer Ecke flattern Satzfetzen. Mein Gehirn sendet die Frage an die Ohren, aus welchem Mund das soeben Gesprochene kam. Es beauftragt die Augen, nach der Reizquelle zu suchen. Also gucke ich kurz von meinem Buch hoch (erstes Aufblicken) und mache den Redenden auch prompt ausfindig, allerdings keinen Gesprächspartner. Verwirrt senke ich den Kopf und schaue zurück ins Buch. Das Lesen setze ich nicht fort, denn es beschäftigt mich die Frage, mit *wem* die Person eigentlich geredet hat – und schaue noch mal genauer hin (zweites Aufblicken): nein, wirklich kein Gesprächspartner da. Dann frage ich mich, ob die Person mit einem kleinen Handy oder mit Headset telefoniert und hebe erneut den Kopf (drittes Aufblicken): keine Technik am Ohr, eher Wirren im Hirn.

Ich gucke wieder in mein Buch, kann mich aber nicht mehr aufs Lesen konzentrieren. Also stelle ich mich nur lesend und starre nach gefühlten drei Minuten sinnierend ins Leere, lasse meine Augen wie zufällig über die Szenerie 'Person in Sitzecke + sprechend + ohne Technik = Selbstgesprächler' streifen (viertes Aufblicken).

Dabei inspiziere ich den Herren genauer, suche nach äußerlichen Besonderheiten: Ist er alt oder jung? Ein verlotterter Drogentyp oder gepflegtes Auftreten? Irrer oder klarer Blick? Ich bin hin- und hergerissen. Es siegt meine Neugier und ich bemühe mich, unauffällig dem Nuscheln des konfusen Geistes zu lauschen. Doch leider verstehe ich weder akustisch noch inhaltlich, was die Person erzählt. Das Rätsel des mit sich selbst redenden, einsamen Bahnfahrers bleibt somit für mich leider ungelöst.

Mein Interesse an Äußerungen solcher verwirrter Menschen hatte ein Freund geweckt, der mich darauf hinwies, dass sich derartige Personen in geistigen 'Grenzzuständen' befänden. Ihre Gedanken könnten daher sehr interessant sein. Leider habe ich bis jetzt in der Bahn noch nie am Grenzzustand anderer teilhaben können, denn solche mitteilungsfreudigen Fahrgäste sind selten und meistens schlecht zu verstehen, weil sie nur nuscheln, murmeln oder brabbeln. So werde ich noch weiter Bahn fahren müssen, um irgendwann einmal grenzwertige Gedanken von einem ungeordneten Mitfahrer erhaschen zu können, die mich zum Pfad der Erleuchtung führen.

Husten, wir haben ein Problem

Das Gespräch mit oder ohne Handy ist ohne Zweifel die stärkste menschengemachte akustische Ablenkung. Doch es gibt auch noch andere menschliche Geräusche, die besonders dann die neuralgischen Punkte der Geduld überreizen können, wenn sie wiederholt erfolgen. So hat Bahn-Kenner Armin Thiel in seinem Buch einem Mitfahrer den Zigaretten-lastigen Spitznamen 'Peter Stuyvesant' gegeben, weil dieser mit seinem permanenten Husten dafür sorgte, "dass kein Pendler ohne Walkman-Stöpsel im Ohr ein Auge zubekommt"[13].

Walkman-Stöpsel im Ohr erinnern wiederum mich an einen Typen, der durch rhythmisches Fingergeklopfe auf seine Oberschenkel die akustische Atmosphäre der Bahn belastete. Ich wollte schon zum Messer greifen und wenn schon nicht die Halsschlagadern, dann doch die Kopfhörerkabel durchtrennen, aber das Engelchen auf meiner linken Schulter brachte mich noch rechtzeitig zur Räson.

Auch wiederkehrendes Gelächter kann einen Mitreisenden zur Weißglut treiben, denn der Grund der Heiterkeit bleibt ihm verborgen und er selbst möchte nicht die Quelle des Scherzes sein. Lachen ist im menschlichen Miteinander zwar ein Ausdruck der Sympathie, kann aber bei jenen eine gegenteilige Wirkung entfalten, die nicht zur Gruppe gehören.

Über das Lachen lachen lässt sich bei dem Sketch "Mr. Bean im Zug", in dem der verschrobene Engländer verzweifelt versucht, dem Gegacker seines lesenden Mitreisenden zu entgehen und sich deshalb allerhand einfallen lässt: von der Jacke über dem Kopf bis zum Kaugummi im Ohr. Wie auch immer: Das Lachen eines benachbarten Fahrgasts lenkt mich unweigerlich von meiner Musik oder meinem Buch ab. Da hilft nur eines: Mitlachen. Man kann sich ja mit der Weisheit des Schriftstellers Nicolas Chamfort trösten: "Der verlorenste aller Tage ist der, an dem man nicht gelacht hat."[14]

Zu den allzu menschlichen – und leider störenden – Geräuschen gehört auch das Schmatzen, sei es als Soundtrack beim Verzehr mitgebrachter Speisen (s. Seite 90ff.) oder einfach als dumme Angewohnheit. Gerade, wenn die Bahnfahrt an sich ruhig ist, nimmt der Reisende diese kleinen Akustikspitzen besonders wahr und ekelt sich.

Unerfreuliche Nebeneffekte der infektiösen Ärgernisse (s. Seite 101ff.) sind krampfartiges Husten oder Dauerschnäuzen erkälteter Fahrgäste. Man leidet ein bisschen mit ihnen, ist aber insgesamt genervt oder angewidert von ihrem Siechtum. Besonders unangenehme Zeitgenossen ziehen übrigens ihre viskosen Nasensekrete hoch und verursachen dabei ein widerliches Knattern.

Und dann ist da noch das Pupsgeräusch. Es stört eigentlich weniger die Ruhe oder Konzentration, weil es nicht wiederkehrend auftritt wie Husten, Lachen oder Schmatzen. Aber dieser Laut ist einfach unflätig, denn erstens sind anale Äußerungen in unserer Gesellschaft unerwünscht und zweitens sind flatternde Laute meist Vorboten eines geruchlichen Infernos, auf dessen Ursachen und Folgen ab Seite 78 eingegangen wird.

Ansage statt Durchsage

Nächster Halt

Die Durchsagen in der Bahn sind ein Mysterium. Vor jedem Halt informieren sie den Fahrgast über den Namen des nächsten Bahnhofs, gelegentlich über Umsteigemöglichkeiten und darüber, ob der Ausstieg links oder rechts sein wird. Dem routinierten Pendler helfen die Durchsagen wenig, da er seine Strecke ohnehin sehr gut kennt. Mich unterstützen sie manchmal, wenn ich morgens in der S-Bahn döse. Unterbewusst registriert mein Gehirn die Durchsage und lässt mich spätestens am Zielbahnhof aufwachen. Wenn sich das Dösen jedoch zum komatösen Schlaf steigert, verlängert sich die Reisezeit unfreiwillig, wie einmal bei einer Freundin: Sie fuhr nach einer durchfeierten Nacht auf der Berliner Ringbahnstrecke, wachte immer kurz *nach* ihrem Umsteigebahnhof auf, schlief dann wieder ein und erwachte nach einer großen Berliner Runde wieder kurz nach ihrem Zielbahnhof. Und täglich grüßte das Murmeltier. Das hatten wir ja schon mal. Die Stationsansagen hatten der schlummernden Lady jedenfalls nicht wirklich geholfen.

Diese Durchsagen in der S- und U-Bahn kommen (in Berlin) von einem Sprachcomputer, einer digitalen Dame. In Zeiten von Navigationsgeräten ist man es ja gewohnt, sich den Weg vorschreiben zu lassen. Automatische Durchsagen in reinem Hochdeutsch haben den Vorteil, dass Ortsunkundige die fremden Stationsnamen besser verstehen und damit beim Umsteigen Zeit sparen und Nerven schonen. Aber sie klingen auch sehr steril. Der Blogger Dennis Buchmann beschreibt die "Dame vom Band" sehr treffend:[15]

> *Die digitale Frau [...] kann nicht variieren. Sie ist die Sklavin ihrer eigenen Tondatei. Sie hat auch keine Laune. Sie ist freundlich, aber weder gut noch schlecht drauf, sie ist gar nicht drauf. Sie ist die Norm, die Mitte, die Monotonie. Ihre Stimme klingt so allgemein und farblos, dass sie keinem missfallen kann. Es ist eine Stimme für jedermann. Von einem niemand. Nun ja, irgendeine Frau steckt schon dahinter, doch wurde sie dermaßen digitalisiert, dass sie nicht wie ein Mensch, sondern wie eine Maschine klingt.*

Eine solche dialektfreie Durchsage kann einem in jedem germanischen Winkel entgegensäuseln. Im Gegensatz dazu hat eine real gesprochene Durchsage in einer Nahverkehrsbahn den Vorteil, dass sie den Reisenden gleichzeitig über die Mundart der ansässigen Bevölkerung informiert: Wenn es hessisch aus den knarzigen Lautsprechern babbelt, befindet man sich mit großer Wahrscheinlichkeit im Land von Bembel und Stöffsche.*

Die Durchsagen in Fernzügen der Deutschen Bahn sind ein Thema für sich, dessen feinste Stilblüten Sie in dem wundervollen Buch "Kurioses aus der Bahn" nachlesen sollten. Eine meiner Lieblingsdurchsagen darin kommt von einem Schaffner, der sich bei der Einfahrt in München folgendermaßen verabschiedet: "Wir erreichen soeben das rote Herz des tiefschwarzen Kontinents. Bitte lassen Sie weder Taschen noch Ehemänner zurück, Letztere sind immer so schwer zu vermitteln."[16]

Zurückbleiben, bitte

Vor jeder Abfahrt einer S- oder U-Bahn sagen Stationsvorsteher oder Zugführer folgende Phrasen durch: erst die Angabe des Zielbahnhofs, z.B. "nach Teltow-Stadt", gefolgt vom höflichen Hinweis: "Zurückbleiben, bitte". Bei der Berliner S-Bahn erschallt

---

* Mit Stöffsche ist umgangssprachlich Apfelwein bzw. Ebbelwoi gemeint und mit Bembel die traditionelle Steinkanne zum Ausschenken.

darauf als Abfertigungssignal der sogenannte Dreiklang: Ding –
Dong – Ding.

Die Bitte des Zurückbleibens gehört zur Routine der Zugabfertigung und wird ausgesprochen, wenn alle Fahrgäste aus- und eingestiegen sind. Es geht darum, eine sichere Abfahrt zu gewährleisten.

Die Durchsagen erschallen mit der Regelmäßigkeit eines Bahnhofsuhrwerks. Störend sind jedoch schmerzend laute Ankündigungen; entweder weil der Durchsagende ins Mikrophon brüllt, die Lautstärke auf maximal gestellt ist oder der Fahrgast direkt unter dem Lautsprecher sitzt. Dies macht das Dösen in S- oder U-Bahn unmöglich, weil dadurch der dahinschlummernde Reisende alle zwei Minuten aus dem Dämmerschlaf herauskatapultiert wird. Nur gerädert erreicht er sein Ziel.

Folgenden Durchsage-Typen begegnet man im Nahverkehr:

Durchsage-Typ	Beispiel
Die Aufgezeichnete	*Ohne Emotion und in reinstem Hochdeutsch, aber mit einem Hauch von Erotik:* Zurückbleiben, bitte!
Der Gelangweilte	Zuuuuuurückbleiben, bitte!
Der Eilige	Z'rückblei', bidde!!!
Der Aggressive	*Laut – schnell – kämpferisch:* 'rückbleiben!!!
Die Wortwolke	*Tief krächzend, ohne Pausen zwischen den Wörtern:* TeltowZurückbleibenBitteTürenSchließen-Gleich.
Der Pornostar	*Raue, tiefe, verführerischer Stimme:* Zu…rückbleiben,…bitte! *(gefolgt von sanftem Stöhnen)*

Wie ich bei einem Bahn-Gespräch eines aufgeweckten siebenjährigen Knaben mit seiner Mutter heraushörte, können die Durchsagen der Sprach-Computer bei Kindern zu Konfusionen führen. Der Junge schien verwirrt und bemerkte, dass er beim Einfahren des Zuges einen männlichen Zugführer gesehen hatte, aber die Durchsage aus dem Lautsprecher von einer *weiblichen* Person kam. Vielleicht stellte dieses Erlebnis eine Weiche in seinem Leben, weil er erkannte, dass Männer auch mal Frauen sein können und umgekehrt. Oder aber diese Erfahrung bahnte den Weg in eine unheilbare Geschlechtsverwirrung des Buben.

Trotz der deutlichen Anweisung des *Zurückbleibensollens*, gibt es immer wieder Bahngäste, die diese Durchsage ignorieren, weil sie zu spät kommen oder sonstige Ansinnen haben. Der Hamburg-traffic-Blogger Netzero hat diese gehetzten Menschentypen humorvoll in folgende Schubladen einsortiert[17]:

- Der Winker: Er kommt nicht mehr rechtzeitig und winkt provisorisch dem Zugführer, auf dass er noch nicht wegfahre.
- Der Steckenbleiber: Er schafft es gerade noch durch den Türspalt, bleibt dann aber stecken.
- Der Telefonierende: Er ist ins Telefonat vertieft und dadurch nicht schnell genug, um rechtzeitig einzusteigen.
- Der Aggressive: Er hat es nicht mehr rechtzeitig geschafft, die Bahn fährt los. Er flucht und tritt gegen den abfahrenden Waggon.
- Der Renitente: Er stellt sich in die Tür und hält sie auf, bis seine Clique eingestiegen ist.
- Der Amouröse: Er ist vertieft in den Kuss mit seiner Freundin, kann sich nicht von ihr trennen. Er tut es dann aber doch.
- Der Begnadigte: Er hat Glück, denn ein mitleidiger Zugführer wartet auf ihn.
- Der Panische: Er rennt hektisch in den Waggon, obwohl noch ausreichend Zeit ist.

Angenehm heiter

Manchen Zugführern sitzt der Schalk im Nacken und sie tragen mit ihrer Durchsage zur allgemeinen Erheiterung bei, wie ein Blog aus Wien dokumentiert[18]:

- *Meine hochgeschätzten Damen und Herren! Der Zug ist 100 Meter lang und es befinden sich alle 3 Meter Eingänge. Wenn Sie aber doch die Wärme ihres Nächsten bevorzugen, können sie natürlich auch alle bei einem Eingang einsteigen.*

- *Meine sehr verehrten Damen und Herren, die U-Bahn-Station Gumpendorfer Straße wird wegen Umbauten derzeit nicht befahren. Reisende zur Station Gumpendorfer Straße benutzen bitte die Straßenbahnlinien 6 oder 18. Sollten Sie diese Durchsage*

bis zur Längenfeldgasse vergessen haben oder mir keinen Glau-
ben schenken, so wird Ihnen die nette Zugführerin der U6 durch-
sagen, dass Sie nun mit 30 km/h durch die Station Gumpendor-
fer Straße durchfahren. Und Sie müssen vom Westbahnhof 2 Sta-
tionen zurückgehen.

Auch auf dem S-Bahnhof Hennigsdorf bei Berlin erschallte einmal eine witzige Durchsage: Kurz vor der Abfahrt versuchten letzte Hinzukömmlinge noch bis zum vordersten Wagen zu rennen. Der Zugführer wollte endlich losfahren und dröhnte per Lautsprecher den hektischen Einstiegsoptimierern entgegen: "Ähem … Es fahren ALLE Wagen nach Berlin."

Schon in jungen Jahren hatte ich viel Freude an den Durchsagen der Bahn. Erinnern kann ich mich noch an einen längeren Halt am Kölner Hauptbahnhof, während dem der Zugbegleiter[*] schimpfend bekannt gab: "Der Zug endet hier unplanmäßig, weil 'Bahnfrevel' zu einer zerbrochenen Fensterscheibe führte." Die Verwendung des Wortes *Bahnfrevel* entlockte mir damals ein leichtes Schmunzeln.

Obskurerweise ist *Bahnfrevel* keine verstaubte Wortkonstruktion eines altphilologischen Zugbegleiters, sondern ein Begriff aus dem Eisenbahnrecht. Der gestrenge Herr hatte also recht!

Immer noch bieten Durchsagen Anlass für eine augenzwinkernde Betrachtung. So beklagt der Online-Autor Egon Müller, dass einerseits Hochgeschwindigkeitsstrecken gebaut werden, um die Fahrzeiten zu verkürzen, aber andererseits die Anzahl und Dauer der Verkündungen zunehmen. Zynisch schließt er seine Ausführungen: "Die permanente Durchsage wird eine Stimme sein, die ununterbrochen erklingen und Begrüßungen, Verabschiedungen, Hinweise und nützliche Informationen zum Besten geben wird. Falls dann noch einige Sekunden übrig bleiben sollten, werden sie für Werbespots vermarktet. Werbung, die ihre Zielgruppe punktgenau erreicht, wird sicher gerne angenommen. Ich denke dabei insbesondere an die Firma Ohropax." [19]

---

[*] Begleitet der "Zugbegleiter" eigentlich nur den Zug oder auch die Fahrgäste? Wie auch immer die Antwort sein mag: Zum Glück hat die Bahn AG ihn nicht in "Trainleader" umbenannt.

Das Unheil aus dem Lautsprecher

Dringt eine unplanmäßige Durchsage durch die Lautsprecher, ahnt der Reisende, dass etwas Unangenehmes bevorsteht, ohne auch nur die ganze Information gehört zu haben: Die Reisezeit wird gedehnt. Unschön und ärgerlich, wenn man es eilig hat.

Lobend sei angemerkt, dass erstens solche Verzögerungen selten auftreten und zweitens viele Durchsagen nur Verspätungen von geringer Dauer ankündigen. Im S- und U-Bahnverkehr können die Ursache typische – meist vorhersehbare – Gleisbauarbeiten sein, die im schlimmsten Fall in Schienenersatzverkehr (SEV) münden. SEV bedeutet, dass der Bahnreisende einen Streckenabschnitt mit dem Bus überbrücken muss, dazu jedoch erst einmal die entsprechende Bushaltestelle finden darf. Sollte der Weg dorthin nur spärlich beschildert sein, kann der Reisende der Schwarmintelligenz vertrauen und einfach mit der Masse der Menschen schwimmen – sie kennt den Weg. Ob die Anschlussbahn danach rechtzeitig erreicht wird, steht allerdings in den Sternen und nicht im Fahrplan. Der "Amen's unofficial city guide to Berlin" hat SEV-Bushaltestellen ziemlich zynisch bewertet: "Ersatz is the Worst Verkehr ever. Amen."[20] SEV verheißt also nichts Gutes. Aber sehen wir es positiv: Ohne Schienenersatzverkehr wäre ein Weiterkommen gar nicht oder nur teuer per Taxi möglich.

Auch an Bahnhöfen des Fernverkehrs werden Durchsagen ungern gehört, wenn sie eine Verspätung ankündigen. Meist muss der Reisende den Informationsgehalt erst entschlüsseln, denn manche Bahnhöfe benutzen anscheinend akustische Filter, die die Durchsagen extra mit Hall-, Knack- und Knistergeräuschen unterlegen. Schnelles Handeln ist gefragt, wenn sich das Gleis ändert, an dem der Zug einfährt und der Reisende dies erst kurz vor Einfahrt aufschnappt. Dann kommt Panik auf.

Eine Durchsage aber ist besonders gefürchtet, und auch ich musste sie schon oft in hören. So röhrte es eines Feierabends bei der Berliner S-Bahn-Station "Karl-Bonhoeffer-Nervenklinik" aus den Membranen, dass die Weiterfahrt "auf unbestimmte Zeit" verhindert sei. Pendler-Expertin Burmester schreibt in diesem Zusammenhang zutreffend: "Die Diagnose 'auf unbestimmte Zeit' löst bei den Pendlern und den anderen Fahrgästen arge Probleme aus, mit denen nicht mal sie selbst gerechnet haben. […] Nichts ist schlimmer als die Warterei auf einen Zeitpunkt, von dem man nicht weiß, wann er eintreten wird."[21] Die Ursache für meine feierabendliche Zwangspause sei "ein Polizeieinsatz", knarzte es damals aus dem Lautsprecher. Weder der Zugführer noch seine Fahrgäste wussten Genaueres darüber, wie lange der Einsatz und der Aufenthalt dauern würden. In meiner Verzweiflung suchte ich die Informationsauskunftsanlage der S-Bahn-Station auf, eine Art Kundencenter-Flatrate. Aber der Anruf bimmelte in die leere Dienstleistungswüste hinein, wurde nicht angenommen. Wahrscheinlich glühten die Telefondrähte des S-Bahn-Kundencenters bereits, weil ich nicht zu den einzigen (B)Ahnungslosen in Berlin gehörte.

Nach ewigen 40 Minuten der Ungewissheit beendete ich das Warten und verließ die S-Bahn-Station über gefühlte 500 Treppenstufen, um mit dem Randgruppentransporter (Bus) mein Unglück zu versuchen. Keine 100 Meter war ich von der Station entfernt, da fuhr die S-Bahn los. Grrrrr, der Zugführer hieß wohl Murphy. Ein Hamburger S-Bahn-Geschädigter hat da seine eigene Verschwörungstheorie:[22]

Ich werde in letzter Zeit den Eindruck nicht los, dass bei Euch irgendwas nicht ganz rund läuft und Ihr Eure Pendler belügt. Wie sonst ist die statistisch ziemlich unwahrscheinliche Häufung von Personen im Gleis, Gewitterschäden, Stellwerksproblemen, Signalfehlern oder Fahrstromabschaltungen zu erklären, die in den letzten ungefähr zwei Monaten auftritt? Wusstet Ihr eigentlich, dass sich mittlerweile sogar die Hochbahner über Euch und Euer 'Improvisationstalent' lustig machen? Wie ist es zu erklären, dass Ihr Polizeieinsätze durchsagt, die Bahn nicht weiterfährt, wir drei Minuten später am Zielbahnhof ankommen und von Polizei nicht der Hauch einer Spur zu sehen ist? Wollt Ihr mir erzählen, dass sich binnen fünf Minuten jemand aufs Gleis begibt, er so schnell dort runter geholt wird und so schnell aus dem Bahnhof gebracht wird?

Wagenmusik

Gummi-Ziehharmonika nach Tunnel-Trauma

Reiben die Ziehharmonika-artigen Gummi-Verbindungsstellen[*] zweier S-Bahn-Wagen rhythmisch aneinander, erzeugen sie ein interessantes Quietschen. Dazu gesellen sich ein klapperndes Zusammenspiel von Zugluft und Kippfenster und von irgendwoher ein gurrendes Schnarzen. Im Geiste denke ich mir einen Rhythmus dazu, dann noch eine zauberhafte Frauenstimme, die einen einprägsamem Refrain flötet. Fertig ist das Lied für den Chart-Erfolg, dessen Tantiemen mich finanziell unabhängig machen werden. Gema shoppen?

Doch diese Tagtraum-Blase platzt schnell, und ich gehe dazu über, das doch eher unwirsche Scheppern mit einer Musikmassage aus dem MP3-Player zu überdecken. Diese MP3-Therapie – noch nicht von den gesetzlichen Krankenkassen anerkannt – hilft auch gegen die Klappdeckel-Marter, die gelegentlich in älteren Zügen der Deutschen Bahn betrieben wird. Dort hängen nämlich am Fenster-Sitzplatz kleine Müllkästchen. Sie sind mit Klappdeckeln ausgestattet, die ihrem Namen alle Ehre machen: Sie klappern während der Fahrt! Nach Jahren unendlichen Schallwellenterrors fand ich schließlich die Lösung: ein Taschentuch zwischen Deckel und Behälter klemmen. Ruhe ist's im Waggon!

Bei Fernbahnen älteren Datums wie dem Intercity (IC) sind die Verbindungsbrücken zwischen den Waggons nicht vollständig abgedichtet und lassen freudig Gleislärm herein. Öffnet man die Schiebetüren zu diesen Zwischenräumen – ganz vertieft auf der Suche nach dem versteckten Bordbistro – zündet das Gedröhne den Tinnitus wieder, der doch gerade erst am Morgen verstummt war. Auf dem Rückweg vom Bordbistro muss ich bei der fraglichen Verbindungsbrücke aufpassen, dass ich nicht vor lauter Lärm-Schreck meinen Kaffee von mir werfe.

Während der Sommermonate entwickeln Bahnen ohne Klimaanlage Backofentemperaturen, und daher sind die Fenster häufig gekippt (wenn es das Zug-Modell zulässt). Dementsprechend wird

---

[*] Der Fachmann spricht vom Faltenbalg. Bitte dies nicht mit einem zerknitterten Kind verwechseln.

es lauter, weil Fahrgeräusche von außen hereindringen. Besonders nervenzerfetzende Töne quälen den Fahrgast, wenn die Bahn eine Kurve fährt. Liegt der kurvige Streckenabschnitt auch noch in einem Tunnel, wird es unausstehlich schrill, denn dann reflektieren dessen Innenwände die Quietsch-Schallwellen. Das hat ein Geräusch zur Folge, das an Zahnarzt-Besuche erinnert, bei denen das Ultraschallgerät ähnliche Arien trällert.

Spiel mir das Lied vom Zug

Trotz des vielen Grams über Geräusche gibt es auch schöne Schallwellen in der Schienenwelt. Ich kann mir keine bessere akustische Kulisse zum Dösen vorstellen als das sanft modulierende Vibrato des Intercity-Express (ICE), wenn er über das Gleisbett zischt. Besonders bei Übergängen von ungleichartigen Schienenabschnitten treten Änderungen in der Tonhöhe auf, als würde der ICE sein trauriges Lied der Monotonie säuseln.

Tolle Töne gibt es auch im Nahverkehr: Gegenwärtige Berliner U-Bahn-Wagen machen beim Bremsen ein Geräusch, als würde ein Außerirdischer mit seiner Laser-Pistole ein Schnitzel brutzeln. Pjoooooaaaang. Mein Lieblingston aber ist das typische Anfahrtsgeräusch des S-Bahn-Typs 481/482, der unter Kennern gerade deswegen 'Heulsuse' genannt wird. Und so klingt es: Huuuuwiiiieeeeh.

Dieser wunderbar weiche Anfahrtston beginnt dunkel und wird zunehmend heller, bis er in einer Fläche endet, die dem gleichförmigen Fahrgeräusch entspricht. Bahnerfahrene Kleinkinder lieben es, diese Geräusche beim Spielen nachzumachen.

Eines Nachts träumte ich, dass ich mir die Anfahrtsgeräusche von 50 verschiedenen Bahntypen eingeprägt hatte. Mit dieser Fähigkeit trat ich beim TV-Dinosaurier "Wetten, dass" auf. Nachdem der Moderator Thomas Gottschalk sämtliche attraktiven Gäste auf der Couch betoucht hatte (nur von Nina Hagen nahm er Abstand), kündigte er meine Wette an und las dabei meinen Vornamen falsch von seinem Moderatoren-Zettelchen ab. Stolpernd platzte ich auf die Bühne, blieb mit meinem C&A-Jackett an einem Kulissen-Stück hängen und verlor fast das Gleichgewicht. Das Publikum gluckste. Gottschalk begrüßte mich, machte über meine Leidenschaft einen billigen Scherz, den seine Witzeabteilung vermutlich kurz vor Feierabend produziert hatte, und wiederholte die Wette in seinem abgehackten Deutsch: Ich solle aus 50 Bahnanfahrtsgeräuschen fünf richtig identifizieren und dürfe nur drei Mal danebenliegen.

Zu allem Unglück war nicht die attraktive Schauspielerin Scarlett Johansson meine Wettpatin, sondern die Punk-Röhre Nina Hagen. Mit einer lächerlich aussehenden Brille, auf die ein Show-Praktikant lieblos kleine Bahnräder-Attrappen geklebt hatte, wurde ich blind gemacht. Schweißperlen begannen meine hohe Stirn zu bevölkern. Nach den ersten beiden misslungenen Erkennungsversuchen blieb mir noch eine Chance. Das unentwegte Gesabbel von Gottschalks Assistentin Michelle Hunziker verwandelte sich, einem Oberton gleichend, in den Klangteppich eines Urvolk-Gesanges.

Bei meiner dritten und letzten Chance – die Schweißperlen auf meinem Kopf hatten sich bereits zu einem spiegelnden Biofilm entwickelt – wurde das vorgespielte Anfahrtsgeräusch der Bahn immer heller. War es die 'Heulsuse' oder doch der 'Sachsenstolz'? Ist es die 'Kotz-Else' oder eher der 'Stasi-Container'?[23]

Mein Hirn spielte Schienenersatzverkehr und konnte das Geräusch nicht zuordnen. Das Geräusch wurde immer heller und der Klang modulierte zum rhythmischen Piepen. Da merkte ich, dass ich nur geträumt hatte und der Wecker mich mit seinem Signal weckte.

Wechsel der Ebene von Traumwelt zu Realwelt (oder umgekehrt?) erfolgreich durchgeführt. Es könnte schlimmer sein: Lieber aus dem Bett quälen und im Nahverkehr zur Arbeit fahren als auf die Couch zu Gottschalk.

Räumliche Ärgernisse:
Eng und unverschämt

Wenn sich das Universum unaufhörlich ausdehnt, warum finde ich dann keinen Parkplatz? (Woody Allen)

Raumforderung

Enge entsteht, wenn Raum knapp wird, z.B. weil ein anderes Ding den Raum *einfordert*. Ein Medizinstudent lernt den Begriff 'Raumforderung' zu verwenden, wenn er etwas in einem Röntgenbild entdeckt, das dort nicht hingehört. Dieses Etwas, z.B. eine Zyste oder ein Tumor, beansprucht im Körper mehr Platz und zieht das Nachbargewebe in Mitleidenschaft. Mit 'Raumforderung' lässt sich auch das Verhalten gewisser Fahrgäste bezeichnen. Ob als gutartig oder bösartig, sei dahingestellt.

Es sind immer die anderen, die die Bahn zur engen Ölsardinenbüchse machen. Der Soziologe Lars Frers erklärt zum territorialen Bereich, den er als eine Art unsichtbare "Blase" beschreibt: "Dringt jemand in diese Blase ein, so wird eine kritische Distanz unterschritten und man dringt in die, hier wörtlich genommene, Privatsphäre der anderen Person ein. Für diese Blase wird ein Abstand von 30 bis 135 Zentimetern zum Körper angenommen, je nach Persönlichkeit und Kultur (und je nach Quelle). Ein solches Eindringen kann zu vielfältigen Reaktionen führen, die von Flucht oder Ausweichen bis hin zu Aggression und Angriff reichen."[24]

Frers Blase erinnert mich an folgendes Erlebnis: Ich saß in der U-Bahn nahe einer Plexiglasscheibe, die meinen Sitzplatz von der Tür trennte. Der Wagen war voll besetzt und es gab nur noch Stehplätze. Ein Fahrgast stieg zu, lehnte sich an die Plexiglasscheibe und presste seinen Po dagegen, sodass selbiger nur fünf Zentimeter von meinem Gesicht entfernt war. Die Scheibe trennte physikalisch, aber nicht optisch. Die Nähe zum Gesäß des fremden Mannes verursachte mir ein deutliches Unbehagen; mein Verstand sagte zwar, dass nichts passieren könne, weil die Scheibe mein Gesicht vom Hinterteil abschirmte, aber mein Bauch war da anderer Meinung – und siegte. Kurze Zeit später gab ich den Platz mit Sicht auf gepresste Hinterbacken auf. Vielleicht wäre es anders gelaufen, wenn ein hübscher weiblicher Popo das Plexiglas beglückt hätte …

Die maximale Annäherungsentfernung wird in einer vollen Bahn besonders schnell von voluminösen Mitreisenden überschritten, häufig Menschen, die ihren Körper zu sehr mit Meckes[*], Chips und Eistee verwöhnt haben. Oder es handelt sich um Fahrgäste, die ihre Muskeln im Fitnessstudio aufpumpen, sich mit Eiweiß-Konzentraten zuschütten und als Zugabe Anabolika draufgeben. Mein schmächtiger Körper benötigt dagegen wenig Platz, aber ich traue mich trotzdem nicht, den stämmigen Platzhirsch neben mir um Rücksichtnahme zu bitten. Stattdessen überlege ich, abends dem Übergrößeneinkleider "Ulla Popken" eine E-Mail zu schreiben. Könnte das Unternehmen nicht in jedem Bahnwagen ein paar XXL-Sitze für größere Ansprüche sponsern?

Platzprobleme haben auch großgewachsene Hünen, die nicht wissen, wohin mit ihren langen Beinen. Ein Basketball-Team sollte wohl besser ein anderes Verkehrsmittel als die Bahn wählen. Der Anblick von großen Menschen in engen Umgebungen erinnert mich stets an den Spruch eines kleinwüchsigen Bundestagsabgeordneten, der während einer Flugreise einmal neben mir saß. Angesichts der engen Flugkabine bemerkte der redegewandte Volksvertreter schelmisch: "Es gibt nicht viele Momente im Leben, in denen es vorteilhaft ist, klein zu sein – aber dies ist einer davon!"

Um meinen Lieblingssitzplatz im Waggon zu erhaschen, merke ich mir immer, wo auf dem Bahnsteig sich die Türen der entsprechenden S-Bahn öffnen, denn die Züge haben konstante Haltepunkte. Dann stehe ich optimal und kann mir meinen Lieblingssitz schnell erobern. Erfahrene Pendler sind ganz heiß auf Positionen. Wenn unerwarteterweise ein Kurzzug einfährt, ist Aufmerksamkeit geboten, da die Bahn dann an einer anderen Stelle hält und sich dementsprechend die Position des Einstiegs ändert.

Da haben es die japanischen Bahnfahrer schon einfacher, wie der Journalist Oliver Mayer berichtet: "Die Türpositionen sind exakt markiert, sodass die Fahrgäste immer an der richtigen Stelle

---

[*] 'Meckes' ist Jetztsprache für den Schnellbräter McDonalds.

warten können; der Lokführer hält genau an der richtigen Stelle."[25]

Reviermarkierung und Balzverhalten

So wie bei Wuffi, der beim Gassi-Gehen immer wieder den gleichen Hydranten mit seinem Harn kennzeichnet, verhält es sich auch mit einem Reisenden. Nachdem er erfolgreich einen Sitzplatz erobert hat, beginnt er mit der optischen Markierung seines temporären Reviers. Er entledigt sich seiner Jacke, holt seine Unterlagen, den MP3-Player oder den Laptop heraus und breitet diese persönlichen Dinge auf den umliegenden Sitzen aus.

Dieses Sich-Breitmachen ist einerseits notwendig, weil sich der durchschnittliche Pendler auf die bevorstehende Arbeits- oder Freizeitaktivität vorbereiten möchte, doch andererseits wird dadurch auch sein Revier markiert. Er signalisiert den anderen Mitreisenden, dass dieses Territorium ihm gehört und er keine Eindringlinge wünscht. Es ist sein "Eigenraum"[26]. Meistens ist diese Strategie von Erfolg gekrönt, denn die Markierung durch Habseligkeiten erhöht die Hemmschwelle eines potenziellen Eindringlings; zu fragen, ob dieser Platz noch frei sei, fällt dem eingeschüchterten Mitreisenden dann besonders schwer.

Die Webseite des Projekts "Travel Time Use" der Universität West of England, Bristol, demonstriert dies mit folgenden Fotos aus der Bahn-Welt:

Ethnographische Fotos von typischen Bahn-Situationen, hier mit Schwerpunkt Habseligkeiten und Reviermarkierung[27]

Die strategische Verteilung der Habseligkeiten funktioniert übrigens besser auf Reihensitzplätzen als bei solchen, die einander gegenüberliegen.

Setzt sich trotz territorialer Markierung ein Fremdkörper neben den Reisenden, schreckt so mancher nicht davor zurück, sein Revier mit allerlei Methoden zu verteidigen. Folgende Kategorien von Störstrategien lassen sich – ähnlich den 'Ärgernissen' – bei Mitfahrgästen beobachten:

- *Akustisch*: Sie erhöhen die Lautstärke ihres MP3-Players, um damit ihr Territorium wie ein aufgeregtes Vögelchen mit Lauten zu behaupten (vgl. Seite 10).
- *Räumlich*: Sie breiten z.B. ihre Zeitung genüsslich aus, damit es für den anderen eng wird (vgl. Seite 50).
- *Geruchlich*: Sie packen z.B. ihr Brötchen mit Tilsiter Käse aus, damit es dem Eindringling stinkt (vgl. Seite 90).
- *Infektiös*: Sie legen demonstrativ eine Packung Taschentücher auf den Sitz oder Tisch, um zu signalisieren, dass sie erkältet und damit ansteckend sind (vgl. Seite 101).

Prekär wird die Reviersituation an Tischplätzen im ICE, denn diese begrenzte Fläche müssen sich alle dort sitzenden Fahrgäste teilen. Ich habe schon mehrere Grabenkämpfe gefochten und dabei jeden Quadratzentimeter meines Tischbereichs verteidigt, vor allem unter Einsatz räumlicher Störstrategien.

Milde Waffen zur Reviermarkierung am Tisch sind Laptop, Papier und Stifte. In kritischen Fällen hat sich aber folgende Methode bewährt: Demonstrativ öffne ich eine Dose Cola mit dem charakteristischen Zischen, damit es die benachbarten Rivalen auch garantiert bemerken. Dann stelle ich die Dose auf den Tisch, nahe der Reviergrenze. Die Sitznachbarn geraten sichtlich in Unruhe, denn bei einer plötzlichen Bremsung des Zuges könnte die Dose umkippen und ihren klebrig-nassen Inhalt von sich geben. In Sorge um die Unbeflecktheit ihrer Habseligkeiten treten die Sitznachbarn dann in der Regel den Rückzug an und schaffen Platz auf dem Tisch.

Manchmal beobachte ich schmunzelnd, wie sich ein selbst ernanntes Alphamännchen in der S-Bahn zur Schau stellt: Es fläzt sich breitbeinig hin und präsentiert dem sozialen Milieu sein Gemächt, das nur durch eine eng anliegende Jeans verhüllt wird. Um seinen Revieranspruch geltend zu machen, rutscht das Männchen etwas tiefer im Sitz, sodass seine Stelzen weit in den Bahngang hineinreichen. Die unterlassene Schnürung seiner Sneakers* sowie die über-großzügige Anwendung von Deodorant sorgen für die Duftmarkierung seines Reviers (auch ein geruchliches Ärgernis, s. Seite 81 ff.). Durch Körperhaltung und Geruch sendet es sexuelle Signale in den Bahn-Biotop aus, um vorbeischreitende Weibchen auf sich aufmerksam zu machen und andere Konkurrenten aus dem Revier zu drängen. Sitznachbarn duldet der balzende Bock nicht, was er durch seine raumfordernde Sitzhaltung deutlich macht. Territorialkämpfe sind nicht ausgeschlossen. Allerdings werben nicht alle Männchen so aggressiv. Die meisten sind stille Rammler, wollen gar nicht kämpfen und dulden gleichgeschlechtliche Artgenossen neben sich.

Neben den balzenden Kerlen gibt es auch einfach nur grimmige Exemplare, z.B. Motzglatze. Dieses Mannsstück hatte sich eines Morgens in der S-Bahn auf einem Dreiersitz niedergelassen. Es besetzte die Sitzgruppe vollständig, indem es seitlich verdreht darauf Platz nahm und die verbleibenden Quadratzentimeter mit seinem dreckigen Rucksack belegte. Mit Stöpsel im Ohr guckte es übellaunig ins Leere. Die Bahn schluckte zunehmend Menschen und die Personendichte im Waggon stieg langsam an. Irgendwann fragte ein Mann Motzglatze höflich, ob der Platz neben ihm frei sei. Der Platzhalter verneinte. Der Frager bohrte noch mal nach, entweder weil er nicht mit dieser negativen Antwort gerechnet hatte oder weil er vermutete, dass Motzglatze aufgrund seiner Ohrnuckel ihn nicht verstanden hatte. Aber der Platzhirsch verneinte erneut und ignorierte dann den Mann völlig, der sich daraufhin kopfschüttelnd entfernte. Motzglatze guckte noch grimmiger als vorher und hatte die Bahn-Atmosphäre gründlich vergiftet.

---

* Sneakers sind Sportschuhe, die nicht zum Sport, sondern im Alltag getragen werden.

Auf der Suche nach dem heiligen Stuhl

Die Sitzplatzsuche ist für jeden Reisenden ein entscheidender Moment, auf langen Strecken allerdings wesentlich wichtiger als bei kurzen Transporten. Grundsätzlich muss der Bahnfahrer dabei geschickt und flexibel handeln sowie eine Vielzahl an Faktoren beachten.

Schon beim Einsteigen in die Bahn beginnt laut der Soziologin Svenja Haberecht die Jagd auf freie Sitzplätze. Dabei gilt das ungeschriebene Gesetz der *Reihenposition*[28], oder einfacher ausgedrückt: "Wer zuerst kommt, mahlt zuerst."

Glücklich sind diejenigen, die sich vorne in der Warteschlange positionieren konnten und sich infolgedessen einen Platz aussuchen dürfen. Dies gilt vor allem in Bahnen, bei denen es keine Sitzplatzreservierungen gibt. Zu Regelverstößen gegen das Gesetz der Reihenposition kommt es gemäß Haberecht vor allem dann, wenn Unklarheiten in der Schlangenbildung auftreten und sich Reisende in der zweiten Reihe anstellen.

Der eingefleischte Pendler wählt seinen Sitzplatz aufgrund "individueller Rituale, persönlicher Vorlieben, aber auch rationaler Alltagsgestaltung", schreibt die Soziologin Angela Poppitz über das berufliche Bahnfahren.[29] Einige Hartgesottene vertreten die Meinung, sie hätten ein Anrecht auf ihren Stammplatz, weil sie häufig auf dieser Strecke reisen und damit ihr Gewohnheitsrecht einfordern könnten.

Bei längeren Reisen hat der Fahrgast die Wahl zwischen Kleinraumabteil oder Großraumwagen, also zwischen Käfig- oder Bodenhaltung. Hier scheiden sich die Gemüter: Manche bevorzugen ein Kleinraumabteil, weil sie sich in der überschaubaren Gruppe besser aufgehoben fühlen und nicht vom ständigen Ein- und Aussteigen ihrer Mitfahrer genervt werden. Den Großraumwagen favorisieren wiederum andere Reisende, denn dort wird ihnen das Abtauchen in die Anonymität und die Konzentration auf die eigenen Aktivitäten erleichtert.

Bei einer Sitzplatzreservierung im besagten Großraumabteil hat der Reisende bereits im Vorfeld Entscheidungen zu treffen: Fensterplatz, Gangplatz, mit oder ohne Tischlein. So viele Möglichkeiten! Das kann leicht überfordern. Ein Fensterplatz ist eher zu empfehlen, wenn man sich abschotten möchte. Ich falte mich dann in Embryonalstellung, verschmelze mit dem Laptop und arbeite an meinem Plan zur Weltherrschaft.

Den Fensterplatz nutze ich außerdem für Phasen der Entspannung, in denen meine Augäpfel die vorbeihuschende Landschaft stakkatohaft abfilmen, während mein Gedankenfluss auf 'Bildschirmschoner' gedrosselt ist. Doch wehe, des Kaffees Koffein fordert seinen Tribut und erzwingt den Gang zur Toilette. Dann ist es lästig, wenn ich den Sitznachbarn anflehen muss, auf dass er sich von seinem ICE-Thron erhebt, damit ich mir den Weg in die Erleichterung bahnen kann.

Der Gangplatz bietet im Gegensatz dazu gleich mehrere Freiheitsgrade: Ich kann mich ungehindert vom Platz entfernen, entweder zum Zwecke des Exportes (Toilette) oder des Importes (Bord-Restaurant). Zudem kann ich die Beine in den Gang ausstrecken, was auf langen Reisen guttut. Ausgefahrene Gräten gehen ein hohes Risiko ein: Sie können in schmerzhaften Kontakt mit einem Rollkoffer kommen oder vorbeilaufende Passanten zum Stolpern bringen. Nicht zu unterschätzen ist auch das Gewusel, das durch die ein- und aussteigenden Massen verursacht wird. Manchmal wird man dabei unfreiwillig von der Tasche eines vorbeilaufenden Reisenden geknutscht.

Als wäre die Qual der Wahl zwischen Fenster- und Gangplatz nicht schon genug, muss sich der Reisende auch noch entscheiden, ob er an einem Tisch sitzen möchte oder nicht. Die Gruppe der Pendler, die von Angela Poppitz befragt wurden, spaltet sich dementsprechend in 'Nicht-Tisch-Fahrer' und 'Tisch-Fahrer'.[30] Der Tischplatz hat einige Vorteile:
- Der Tisch dient als Barriere zum Gegenübersitzenden.
- Es gibt dort meist – je nach Komfortgrad des Zuges – eine Steckdose, die energiehungrige Geräte mit Strom versorgen kann.
- Freizeit- oder Arbeitsutensilien können zum rollenden Mini-Büro ausgebreitet werden. Das funktioniert aber nur so lange, wie ausreichend Platz verfügbar ist. Hat der Sitznachbar das gleiche expansive Bedürfnis, bringt der Tisch in dieser Hinsicht keine Vorteile mehr.

Wenn dann noch der gegenüberliegende Fahrgast seine Beine ausstreckt, ist man vollkommen eingezwängt. Ich für meinen Teil werde dann bei nächster Gelegenheit zum 'Nicht-Tisch-Fahrer'. Zudem kommt einem beim Tischplatz dieser Fahrgast nicht nur mit seinen Beinen ins Gehege, sondern auch mit seinen Blicken. Reisende verschmähen daher schon bei der Sitzplatzwahl einander gegenüberliegende Plätze, um den "Kollisionsfall zu vermeiden" wie Haberecht es formuliert.[31]. Während der Fahrt benutzen sie außerdem individuelle Blickkorridore, um zu verhindern, dass ihre Blicke sich schneiden. Diese Technik wenden auch Kinder an, wenn sie etwas verbrochen haben und ihrem Erzieher aus Scham nicht in die Augen schauen möchten.

Eine viel aggressivere Variante des Blickkorridors ist der "Hassblick": Diese Verhaltensweise hat die Soziologin Esther Kim bei Buspassagieren in den USA beobachtet, die zwischenmenschlichen Kontakt vermeiden möchten.[32] Dabei setzten Reisende, die bereits im Bus saßen, eine abschreckende Miene auf, damit neu hinzugestiegene Fahrgäste nicht neben ihnen Platz nahmen.

Der Sitznachbar hat noch weiteren entscheidenden Einfluss auf den Wohlfühlfaktor einer Bahnfahrt; er ist daher ausschlaggebend für die spontane Sitzplatzwahl. "Die bereits anwesenden Reisenden werden zunächst kurz taxiert und in unterschiedliche Kategorien eingeteilt. Hierbei spielen v. a. auf den ersten Blick erkennbare Merkmale eine wichtige Rolle, wie z. B. Geschlecht, Alter, technische Accessoires, Lärm, Geruch, Alkoholkonsum"[33], resümiert Poppitz. Dies wird durch eine Untersuchung der Wilfrid Laurier Universität in Kanada bestätigt, die durch Experimente mit Studenten zeigte, dass ihre Probanden Sitzplatznachbarn bevorzugten, die ihnen ähnlich sahen.[34] So saßen z. B. Brillenträger häufiger neben Brillenträgern, Langhaarige eher neben Langhaarigen und Blondinen lieber neben Blondinen. Stimmt: Auch Zugbegleiter sitzen immer zusammen im gleichen Abteil!

Übrigens: Hat der Reisende erst einmal einen Sitzplatz erobert, hält er auch an ihm fest. Ein anderes Reisemöbel wird ungern aufgesucht, denn erstens ist eine nochmalige Fahndung nach einer Sitzgelegenheit lästig und zweitens wird das Verlassen vom Platznachbarn als Affront verstanden.

Bei geringer Fahrgastdichte ist ein Muster der Sitzplatzwahl beobachtbar, das an die Belegung von freien Pinkelbecken in öffentlichen Toiletten erinnert: Sind nur wenige Fährgäste im Waggon, wird ein Platz mit maximaler Entfernung zum nächsten Reisenden aufgesucht. Ebenso verfährt der Mann bei der Wahl des Urinals: Wenn zehn Pinkelbecken verfügbar sind und nur das erste belegt ist, so wird er nicht das direkt danebenliegende ansteuern, sondern eher das fünfte oder das zehnte. Bei zunehmender Nutzerdichte ist er bestrebt, mindestens ein Urinal bzw. einen Sitzplatz dazwischen freizulassen. Steigt die Belegung noch weiter an, ist die Wahlmöglichkeit ohnehin begrenzt.

Dieses Muster der Sitzplatzbelegung hat auch Haberecht (in Bahnen) beobachtet und weiß es mit zwei soziologischen Fachbegriffen zu beschreiben:[35]

- *Distanzmaximierung* sorgt dafür, dass der Abstand zu fremden Fahrgästen möglichst groß ist. Auf besondere Distanz wird, wenn möglich, zu bedrohlich oder ungepflegt wirkenden Personen gegangen.
- *Äquidistanz* sorgt dafür, dass zwischen den anwesenden Fahrgästen möglichst der gleiche Abstand gehalten wird.

Tornister auf Touren

Handtäschlein auf dem Schoß, wo bleibt mein Traumprinz bloß?

'Michelle' fährt morgens per S-Bahn in Richtung Berlin und bevorzugt den ersten oder zweiten Wagen. Die 40 hat sie schon seit einiger Zeit hinter sich gelassen und trägt einen drahtig auftoupierten Blond-Helm, der aussieht wie ein Flechtkorb von Ikea. Gerne berauscht sie sich am Infococktail aus der "Frau im Spiegel".

An einem Morgen beobachtete ich Michelle dabei, wie sie ihr MCM-Täschlein auf dem freien Sitz gegenüber platzierte. Eigentlich ein ganz normales Verhalten: Michelle wollte ihren Lippenstiftcontainer nicht auf den dreckigen Boden der S-Bahn stellen, und das Ding auf ihrem Schoß zu transportieren, wäre unbequem. Mit zunehmender Fahrtzeit in Richtung Berlin-Zentrum füllte sich die Bahn mit arbeitsdurstigen Bahngästen. Schließlich fragte ein älterer Herr freundlich, ob er den Platz des MCM-Täschleins einnehmen könnte. Michelle willigte ein und platzierte die Handtasche auf ihren Schoß (wo der ältere Mann auch gerne gesessen hätte).

Natürlich hätte Michelle – als erfahrene Berufspendlerin – den Sitzplatznotstand im Voraus erkennen und ihren Handtaschensitz freigeben können. Schließlich steigt die Fahrgastdichte morgens zuverlässig an, je weiter die Bahn in den Moloch Berlin eindringt. Aber Michelle gehört zu der Sorte Mensch, die ihrer Tasche sehr hohe Priorität einräumt und wartet, bis ein Mitreisender die rhetorische Frage: "Ist der Platz noch frei?" stellt. Was soll sie darauf sonst antworten außer: "Ja"? Vielleicht: "Nein, ich habe zwei Tickets gelöst – eins für mich und eins für meine Handtasche." Oder: "Nein, ich habe hier gleich ein Rendezvous mit einem Unbekannten!"

Solches Besetzen von Sitzgelegenheiten erinnert an die Gewohnheit deutscher Urlauber, die mit ihren Handtüchern morgens die Liegen am Swimmingpool belegen, und ist eine Spielart des Revierverhaltens (s. Seite 40).

Man darf Michelle deswegen aber nicht wirklich böse sein. Vielleicht ist sie ein kontaktlechzender Single und wartet darauf, dass 'Mr. Right' endlich nach dem Platz auf ihrem Schoß fragt.

Manchmal spiele ich 'Gepäck-Reise nach Jerusalem': Ich mache einen Mitreisenden ausfindig, der sein Gepäck auf einem freien Sitz parkt, genau wie Michelle ihr MCM-Täschlein. Dann versuche ich vorherzusagen, bei welcher S-Bahn-Station sich die Bahn entsprechend füllt, bis ein Prinz nach dem freien Platz mit dem Gepäck fragt, diesen Sitz und vielleicht auch das Herz der jeweiligen Holden erobert. Auch Amor fährt mal Bahn.

Ein Freund führte vor Jahren folgenden Feldversuch mit Sitzplatzsuchenden durch: Er war im Zug zwischen Hamburg und Bremen unterwegs und legte ein zusammengeknülltes, unbenutztes Papiertaschentuch auf seinen Nachbarplatz. Dann beobachtete er das Verhalten der Platzsuchenden. Obwohl bald alle Sitze im Abteil belegt waren, hatten ihn die Fahrgäste nicht nach dem Taschentuchplatz gefragt. Auch hatte niemand das "Tempo" eigenständig entfernt und sich einfach hingesetzt. Folglich ist ein (anonymes) zusammengeknülltes Taschentuch ein effektiverer Platzhalter als eine Handtasche.

Wohin mit der Last?

Doch zurück zum mitgeführten Gepäck: Wohin damit? Habe ich ein kleineres Frachtstück mit Rucksackdimension dabei, parke ich es gerne auf dem Sitz neben mir, solange üppig freie Plätze im Waggon vorhanden sind. Sobald es eng wird oder wenn ein Bedürftiger einsteigt, wandert das Gepäckelchen auf meinen Schoß, zwischen die Beine oder unter den Sitz.

Bei größerer Reiseausrüstung wie einem Hartschalenkoffer wird es schon kniffliger. Dies fällt besonders freitagmorgens auf, wenn einige Pendler ihre Koffer mit auf den Weg zur Arbeit nehmen, um nach getanem Wochenwerk mit dem Fernverkehr zur Wochenendbeziehung zu zischen. Das Sack und Pack beansprucht den ohnehin schon mageren Platz, den andere gerne zum Beine-Ausstrecken nutzen würden. Unfreiwillige Kontaktaufnahme mit dem fremden Gepäck ist unvermeidlich und lästig. Bodenhaltung wäre Luxus dagegen.

Also: Wohin damit, wenn es keine Sitzplätze oder Reiseraum blockieren soll?
- Auf dem eigenen Schoß beschmutzt das Gepäck die Kleidung.

- Zwischen den Beinen ist die Lagerung nur bei kleinen Gepäckstücken oder riesiger Körpergröße möglich; in jedem Fall ist es unbequem und eng.
- Unter den Sitzen reicht der Platz nicht immer oder es ist dreckig (vor allem zu Herbst- und Winterzeiten).
- Über den Sitzen gibt es nicht immer Gepäckablagen (z. B. bei der Berliner S-Bahn) oder selbige sind zu klein für Koffer.
- Vor der Tür versperrt das Gepäck den Eingang.
- Im Gang blockiert der Koffer den Weg. Zudem provoziert er mit seinem baumelnden Diddl-Maus-Anhänger mitreisende Hunde.
- Fernab des eigenen Sitzplatzes ist das Gepäck auch nicht gut aufgehoben, denn erstens ist es außer Sichtweite und zweitens gelten verwaiste Gepäckstücke als explosive Exponate.

Grundsätzlich wäre es schön, wenn es mehr Ablagen für Gepäck in der Bahn gäbe. Eine Alternative böten Züge mit gemischten Waggons: Einige würden viel Ablagefläche für Koffer-Kinder bieten und andere dafür mehr Raum für Beinfreiheit. Bis es so weit ist, bleibt mir nur, mein Reisegut in kleinere Gepäckeinheiten aufzuteilen und den gegenübersitzen Reisenden höflich zu fragen, ob er mit der Ablage meines Tornisters im Fußbereich einverstanden ist.

Interessanterweise kann man am Bahnhof andere Beziehungen zwischen Gepäckbesitzer und -berührer beobachten als in der Bahn. Dazu erklärt Frers: "Für Andere ist eine Berührung des Gepäckstücks vielleicht nur ein flüchtiger Kontakt mit einer Sache. Für diejenigen, zu denen das Gepäck gehört, kann es jedoch als ein Eingriff in die eigene Privatsphäre aufgefasst werden. Entsprechend wird mit Verärgerung auf den unerwarteten oder unerwünschten Kontakt einer fremden Person mit dem eigenen Gepäck reagiert."[36]

Literatur mit Anspruch

Auf einer Reise, heiß und matt,
Saß ich im überfüllten Wagen,
Ein altes, breites Zeitungsblatt
In beiden Händen aufgeschlagen.
(Hermann Hesse: Bahnhofsstück)

Die Zeit und die Zeitungsspannweiten

Oh nein, Donnerstag! Mit einem Zittern betrete ich die S-Bahn, denn heute ist der Erscheinungstag der "Zeit".

Diese Wochenzeitung hat nicht nur unendlich lange Artikel, von denen ich noch nie einen zu Ende gelesen habe; nein, das Blatt hat auch noch eine unglaubliche Spannweite, wenn es mit beiden Händen zur Gänze aufgerissen wird: 80 Zentimeter! Diese Spannweite flößt sogar Greifvögeln Respekt ein.

Das kulturelle Multitalent Hanns Dieter Hüsch bemerkte einmal treffend, diese Zeitung sei "so groß, wenn man die aufschlägt, muss der Nachbar gleich zum Zahnarzt"[37]. Von überdimensionalen Problemen mit diesem großen Blatt weiß auch Drehbuchautor Moritz Netenjakob zu berichten: "Intellektuelle mit kurzen Armen müssen die Zeitung auf den Boden legen, um sie überhaupt lesen zu können."[38]

Wenn die Bahn mit vielen Fahrgästen besetzt ist und ich mich mit einem Sitzplatz neben einem Zeitungsleser begnügen muss, dann wähle ich denjenigen als Nachbarn, der eine *kleine* Zeitung liest. Doch welche Zeitungen sind klein? Um objektive Gewissheit zu haben, sammelte ich herrenlose Presseprodukte in der Bahn und unterwarf sie einer Größenbestimmung:

Zeitung/Werbebeilage	Abmessungen des aufgeschlagenen Mediums [cm]			Zeitungsformat*
	Breite	Höhe	Diagonale	
Media Markt-Prospekt	84	60	103	Gigantisch**
Saturn-Prospekt	83	60	103	
Die Zeit	80	57	98	
Berliner Morgenpost	80	57	98	
Bild-Zeitung	80	57	98	Nordisch
Süddeutsche Zeitung	80	57	97	
Der Tagesspiegel	80	57	97	
Financial Times Dtld.	70	52	87	Rheinisch
Berliner Zeitung	70	51	87	
WELT kompakt	57	40	69	Tabloid
Berliner Kurier	51	35	62	Halbrheinisch

* Zeitungsformate beschreiben die Größe des Blatts in der Angabe Breite mal Höhe einer nicht aufgeschlagenen Zeitung. Die hier dargestellten Abmessungen entsprechen nicht exakt den definierten Größen der Zeitungsformate.

** Die offizielle Formatbezeichnung ist nicht ermittelbar und unterliegt möglicherweise strengster Geheimhaltung.

Die Gruppierungen von Formaten bemerkte ich natürlich erst bei Gegenüberstellung der gemessenen Spannweiten. Wie töricht von mir, hätte ich mich doch über Zeitungsformate informieren sollen, bevor ich dieses Feldexperiment begann!

Die Formate wurden 1973 genormt, um die Zusammenarbeit zwischen Werbewirtschaft, Zeitungsverlagen und Druckereien beim Schalten von Anzeigen zu erleichtern. Von Interesse sind für uns hauptsächlich die großen Zeitungsformate, weil sie in der Bahn die größten Platzräuber sind: Nordisches Format oder Rheinisches Format.

Doch die Welt wäre zu einfach, gäbe es eine direkte Beziehung zwischen regionalem Ursprung der Zeitung und ihrer Formatbezeichnung: Warum die Berliner Zeitung ein Rheinisches Format, der Kölner-Stadtanzeiger ein Berliner Format und die Süddeutsche Zeitung ein Nordisches Format hat, konnte ich nicht ergründen.[*] Meine Messexperimente zeigen, dass die großformatige "Zeit" zwar in der obersten Liga der Spannweiten mitspielt, aber nicht das größte Blatt ist. Ihr nordisches Format wird von beige-

---

[*] Vermutlich hat dieses Phänomen verlagshistorische Gründe, wurde aufgrund von Marktforschungsergebnissen entschieden oder hat andere unspektakuläre Ursachen.

legten Media Markt- und Saturn-Prospekten getoppt, die die größten diagonalen Spannweiten erreichten.

In Zukunft werde ich bei der Platzwahl einen Sitznachbarn mit dem "Berliner Kurier" oder "WELT kompakt" bevorzugen, denn deren Seitendimensionen lassen Platz zum Reisen. Leser von "Die Zeit", "Bild-Zeitung" und "Berliner Morgenpost" sind wegen der Größe ihres favorisierten Presseerzeugnisses nicht die erste Wahl als Sitznachbar.

Meiden werde ich außerdem unterhaltungselektroniklechzende Männer mit erigiertem Media Markt-Prospekt. Zugeben muss ich natürlich, dass auch ich insgeheim in diese rot-schwarzen Werbebeilagen verliebt bin, denn sie strahlen – zumindest für das männliche Geschlecht – einen Hauch Erotik aus. Etwas Pressefreiheit muss sein.

Sollte ich selber mit einer größeren Zeitung in der Bahn kämpfen, versuche ich, auf meinen Sitzplatznachbarn Rücksicht zu nehmen. Man muss ja nicht gleich zum Origami-Weltmeister werden und die Zeitung auf Spielkartengröße falten.

Der Mitleser

Ein Zeitungsleser sitzt mir gegenüber und sein Blatt schreit mit großen Lettern und netten Bildchen nach Aufmerksamkeit. Ziellos wandern meine Augen über die Informationseinheiten und funken Belangloses in meine Großhirnrinde, ohne es überhaupt gewollt zu haben. Spam war schon immer da. So lese ich manchmal im "Berliner Kurier" oder in der "Bild" eines Fahrgastes mit, wo die Schlagzeilen groß, aber die Inhalte klein sind. Armin Thiel spricht in seinem empfehlenswerten Bahn-Buch "Störungen im Betriebsablauf" von "bluttriefenden Monsterbuchstaben und sensationsgeladenen (S)Exklusivfotos", nach denen sich die Hälse der Fahrgäste recken. Wörter mit großen Buchstaben sind nicht nur einfacher zu erkennen, sondern sie erregen vermehrt Aufmerksamkeit und verstärken Emotionen, wie eine deutsche Studie herausfand.[39]

Kaum habe ich die Titelzeile verdaut, erwischt mich der Zeitungsfahrgast beim kostenlosen Mitlesen: Verstohlen wandert mein schamvoller Blick an die Decke zum aufgeklebten Fahrplan.

Warum ist das Mitlesen eigentlich so peinlich? Verstoße ich mit diesem Verhalten gegen einen Berufspendlerkodex? Werden die

Informationen der Zeitung verbraucht, wenn ich mitlese? Darf ich das nur, wenn ich ebenfalls eine Zeitung dabeihabe und sie zum Mitlesen anbiete? Wie hoch ist der Schaden an der Volkswirtschaft durch mitgelesene, nichtgekaufte Zeitungen?

Doch all diesen philosophischen und ökonomischen Fragen kann ich mich im Moment nicht widmen, weil auf Seite Eins das Seite-Drei-Mädchen Stefanie bekennt: "Ich stehe auf heiße Reifen". Spannweite ist ein dehnbarer Begriff.

Besser Bahnen: Lesen als Waffe

Lesen erweitert nicht nur den geistigen Horizont, sondern reduziert die Belastungen bei langen Fahrten, wie medizinische Untersuchungen zeigen.[40] Darüber hinaus erfüllt es noch eine weitere Funktion, wie schon in dem Eisenbahnreiseratgeber "The Railway Traveller's Handy Book" von 1862 (!) erkannt wurde: Lesen hilft als Waffe gegen lästige Sitznachbarn.[41] Diese schöne Tätigkeit wird aber auch eingesetzt, um Blickkontakt zu vermeiden oder um die Gleichgültigkeit gegenüber anderen Fahrgästen aufrechtzuerhalten, wie die Soziologin Svenja Haberecht beschreibt. Reinecke und Zehrer empfehlen in ihrem lustigen Bestimmungsbuch für Bahnreisende hingegen Folgendes: "Wem vom Lesen übel wird, kann die Mitreisenden beobachten. Wem vom Beobachten der Mitreisenden übel wird, kann sich seiner Reiselektüre widmen."[42]

Falls Sie in Fernzügen nichts zum Lesen dabei haben, nutzen Sie doch einfach die Lieblingslektüre der Senioren: das Faltblatt "Ihr Reiseplan" der Deutschen Bahn. Studieren Sie die Anschlusszüge beharrlich vor und nach jedem Bahnhofshalt und kommentieren Sie abwertend jede noch so minimale zeitliche Abweichung. Nicht-Leser können ihren Geist auch anderweitig trainieren: mit Sudoku-Rätseln aus irrationalen Zahlen, dem Auswendiglernen der Bordbistro-Speisekarte oder der Suche nach zeitgemäßen Namenspatronen für ICEs, z. B. 'Dieter Bohlen' anstatt 'Wilhelm Conrad Röntgen'.

Dreckige Drahtesel

Durch die Kombination von Fahrrad und Bahn erreicht der Reisende sein Ziel schneller, weil er die Strecke zum Bahnhof rascher bewältigt. Aber für das Radl muss der Reisende ein Extra-Ticket kaufen, genau wie für einen Hund. Die S-Bahn Berlin nennt die Preisstufen liebevoll 'Drahtesel-Tarife' und wird nimmer müde, diese Hochzeit zu feiern: "S-Bahn und Fahrrad passen gut zusammen"[43].

Die Kombination Bike & Bahn beinhaltet aber auch Nachteile: Das Fahrrad muss an Bahnhöfen ohne Aufzug die Treppen hinauf- und hinuntergeschleppt werden. Im Waggon gilt es, ausreichend Platz zu finden und sein Vehikel während der Fahrt gegen Umfallen zu sichern. Ist das erfolgreich erledigt, beginnt die Drahtesel-Peepshow, bei dem das Fahrrad den Blicken gelangweilter Fahrgäste ausgesetzt ist: Bei teuren Fahrrädern sind es neidische, bei billigen Fahrrädern verächtliche und bei sonderbaren Konstruktionen verwunderte Blicke – So weit die Sichtweise des geplagten Fahrrad-Bahn-Kombinisten.

Wie die meisten anderen Reisenden nehme auch ich kein Zweirad mit in öffentliche Verkehrsmittel, denn während der Rushhour besetzt es wertvollen Sitzplatz, worunter die bereits eingepferchten Fahrgäste zu leiden haben. Zudem sind Drahtesel schmutzige Vehikel, deren Kontakt Reisende meiden.

Eines verregneten Feierabends geschah es, dass sich ein schlecht gesichertes Fahrrad in einer Kurve ruckartig nach vorne bewegte, woraufhin der morastige Vorderreifen mein linkes Hosenbein knutschte. Das Herrchen des Drahtsesels entschuldigte sich sofort und zurrte sein Reittier zur Verhinderung weiterer Kontaktaufnahmen an einer Stange fest. Entschuldigung akzeptiert, kann passieren, trotzdem ärgerlich. Zum Glück war ich auf dem Weg nach Hause und nicht zum Bewerbungsgespräch, bei dem ein dreckiges Hosenbein das Zünglein an der Waage sein kann.

Fahrräder sind in S- oder U-Bahn dünn gesät und daher kommen entsprechende Schmutzübertragungen nur selten vor. Dennoch löst die Furcht vor schmutzigen linken Hosenbeinen bei mir ein leichtes Unbehagen aus – nicht manisch, aber präsent.

Aus ökologischen Gründen begrüße ich es natürlich, wenn Fahrgäste ihren Drahtesel nutzen und nicht individual-motorisiert reisen. Zudem verhalten sich die meisten Fahrrad-Mitführer korrekt und wie es die kostenlose Berliner S-Bahn-Zeitung "Punkt 3" empfiehlt: "Wenn sich jedermann rücksichtsvoll verhält, kommen alle gut miteinander aus – im Zug und auf dem Bahnsteig"[44].

Etwas Zug abbekommen

In meiner Top-Ten der zynischen Kalauer habe ich einen Witz meines ostfriesischen Landsmannes Otto Waalkes verankert: "Der Schrankenwärter von Klein-Wülferode hat vergessen, die Schranken runter zu machen, daher hat ein Autofahrer *etwas Zug* abbekommen."[*]

Bei Unfällen mit der Bahn handelt es sich um extreme räumliche Ärgernisse, die den Reisenden verletzen oder sogar töten können. Mediziner haben ein ganzes Arsenal an deutschen Begriffen, die die schmerzlichen Folgen eines Zusammenpralls nüchtern, aber mit lautmalerischer Wucht beschreiben (in Klammern der Fachbegriff zum Protzen auf der nächsten Party): Prellung (Contusio), Zerrung (Distorsion), Ausrenkung (Luxation), Quetsch-Riss-Wunde, Bruch (Fraktur), Zerreißung (Ruptur), Schädel-Hirn-Trauma (Comotio Cerebri). Fast jeder dieser deutschen Begriffe enthält ein hartes 'R', und schon allein dessen Aussprechen weckt schmerzhafte Assoziationen.

Bahnunfälle geschehen immer wieder: Ein erschreckendes und extremes Beispiel ist die Katastrophe bei Eschede, wo im Juni 1998 ein ICE entgleiste und in eine Brücke raste. 101 Menschen starben und mehr als 300 Passagiere wurden verletzt, zum Teil schwer. Unfälle von solchen Ausmaßen sind aber zum Glück selten: Die Zeitung "Der Tagesspiegel" listete die schweren Bahnunfälle auf, die zwischen 1945 und 2008 passiert sind – es handelt sich um eine überschaubare Anzahl von insgesamt 30.[45]

---

[*] Ebenso ganz oben in meinen persönlichen Otto-Top-Ten: "Ein altes Lied für unsere Lokomotivführer: Love me tender."

Daten des Statistischen Bundesamtes für 2004 zeigen deutlich, dass Reisen per Bahn sicherer ist als Reisen per Auto:[46]

Verkehrsmittel	Unfälle	Verletzte	Tote
Eisenbahnverkehr	564	758	167
Straßenverkehr	339.310	440.126	5.842
Luftverkehr	49	41	23

Wer unterwegs ist, muss immer damit rechnen, im Verkehr verletzt zu werden oder sogar tödlich zu verunglücken. Die Wahrscheinlichkeit, auf der Straße eine Verletzung zu erleiden, ist jedoch um ein Vielfaches höher als auf der Schiene.

Neben solchen Unfällen gibt es Situationen, bei denen sich Menschen per Schienensuizid das Leben nehmen wollen. 2010 passierte dies in Deutschland 899 Mal.[47] Für die Lokführer ist so ein Vorfall eine erhebliche psychische Belastung, weil sie den Zug aufgrund des langen Bremswegs nicht rechtzeitig anhalten können und das Ereignis aus nächster Nähe miterleben. Gegenüber den Reisenden werden suizidbedingte Verspätungen mit Formulierungen wie "Personenunfall", "Unfall mit Personenschaden", "Polizeieinsatz" oder einem "Notarzteinsatz am Gleis" umschrieben.[48]

Vestibuläre Ärgernisse:
Krickelkrackel dank Wackeldackel

Wackeln, Beschleunigen oder Bremsen sind auf der Schiene unsere steten Begleiter. Wahrgenommen werden sie durch unseren Gleichgewichtssinn – auch: vestibulärer Sinn. Erziehungsberechtigte und Lehrkörper trichtern Kindern gebetsmühlenartig ein, sich beim An- und Abfahren der Bahn festzuhalten, um nicht durch die Trägheit ihrer eigenen Masse herumgewirbelt zu werden. Eigentlich schade, denn *das* ist erlebte Physik!

Natürlich sollen Verletzungen bei den Kleinen vermieden und auf erlebte Medizin möglichst verzichtet werden. Übrigens geht es nicht nur beim An- und Abfahren *träge* zu, sondern auch während der Fahrt hat ein Wackeldackel keinen Feierabend.

Dass das Gewackel in der Bahn ein Ärgernis sein kann, fiel mir erstmals auf, als ich in die Lektüre eines Fachartikels vertieft war und mir darin handschriftliche Notizen machen wollte. Die Schüttelei verwandelte meine 'Sonntagsschrift' in den Schrifttyp 'Krickelkrackel', die Größe der Buchstaben variierte zwischen 6 bis 24 Punkten, und das Ganze tendierte zu *rhythmisch kursiv*. Bestimmte Gleisabschnitte sabotierten das saubere *Unter*streichen von Textpassagen, sodass es eher zu einem *Durch*streichen geriet. Da sehne ich mich doch nach einer Zukunft, in der Geräte mit elektronischer Tinte meinen Schrifttyp 'Krickelkrackel' erkennen und in Text umwandeln können. Onkel Google wird's schon richten.

Die Freuden der Beschleunigung

Technisch gesehen wird Wackeln meist durch kurzfristige Änderungen der Beschleunigung verursacht. Doch was ist Beschleunigung eigentlich?

Sie bezeichnet die Änderung der Geschwindigkeit eines Körpers und bedeutet im Volksmund meist Zunahme an Geschwindigkeit. Beim Anfahren spricht man von positiver Beschleunigung, beim Bremsen von negativer. Querbeschleunigungen treten in Kurven auf und sind vom Gleisaufbau und von der Bauart des Zuges abhängig, z.B. beim Neigezug. Sie können auch beim Befahren von Weichenkombinationen entstehen.[49]

Auf schwankendem Boden

Im Körper passiert während der Beschleunigung Folgendes: Der Gleichgewichtssinn in den Bogengängen des Innenohrs meldet dem Gehirn, dass der Körper gerade beschleunigt wird. Das Gehirn wertet diese Information aus, verrechnet sie mit der aktuellen Körperhaltung und sendet Signale an die Muskeln, um den Körper zu stabilisieren. Diese Stabilisierung verhindert, dass man beim Anfahren in die Intimsphäre des Sitzplatznachbarn eindringt. Das funktioniert aber nicht immer, denn besonders Sitze mit Kunstlederoberfläche bieten einen hervorragenden Gleitboden für Rutschpartien. Ein Schweißfilm, der sich bei sommerlichen Temperaturen zwischen Kleidung und Sitzfläche bildet, kann das Gleiten zusätzlich unterstützen. So kommen sich Fahrgäste ungewollt näher.

Die Änderung der Beschleunigung erweckt leblose Gegenstände zum Leben: Ich liebe es, herrenlose Flaschen oder kleine Flüssigkeitslachen auf dem Bahnboden zu beobachten, wenn sie von der Bahnbeschleunigung durch den Waggon getrieben werden, als hätten sie ein Eigenleben. Das erinnert mich immer an die umherfliegende Plastiktüte im Film "American Beauty". In einem kurzen Bahn-Tagtraum hatte ich mir ausgemalt, wie Motzglatze sich murrend von seinem Sitz erhebt, um noch während der Fahrt zum Ausgang zu schreiten. Dabei rutscht er in der Flüssigkeitslache aus und fällt dabei auf den Platz gegenüber, wo Rübennase hockt und in sein Snake-Spiel vertieft ist. Dank der Kollision fällt Rübenase das Mobiltelefon aus der Hand und direkt in die Pfütze. Die Quäke bedankt sich mit einem stotternden Bliiing-Ton und das Display erlischt. Schnitt. Motzglatze steigt aus dem Waggon aus und hat ein blaues Auge. Der Tagtraum endet hier – bitte alle aussteigen.

Schon ein Kleinkind lernt, mit Beschleunigung umzugehen. Ein Dreikäsehoch findet es toll, seinen Gleichgewichtssinn durch Tanzen, Drehen, Karussellrunden und Schlittenfahren zu beglücken. Das alles ist angewandte Physik, die ein Kind versteht, die Spaß macht und übrigens auch für Erwachsene geeignet ist.

Geschlagen geben muss ich mich allerdings beim theoretischen Verständnis der Beschleunigung, deren physikalische Einheit m/s^2 ist. Wie ist diese Einheit zu verstehen? Einen Meter kann ich mir noch vorstellen, eine Sekunde zeitlich einordnen, aber die Einheit 'Sekunde zum Quadrat' (s^2) geht über mein Vorstellungsvermögen. In Bildungsfabriken wurde mir zwar eingetrichtert, wie diese Einheit abgeleitet wird, doch das Wissen ist verpufft – im Gegensatz zum Wissen der erlebten Beschleunigung: Fährt der Schlitten sehr schnell, wird ein Sturz wehtun. Halte ich mich beim Bremsen der Bahn nicht fest, schliddere ich alsbald durch den Waggon und werde zum Gespött meiner Mitreisenden. Tut auch weh.

Neigung zum üblen Nachgeschmack

Bei manchen Menschen kann das Bus- oder Bahnfahren Übelkeit hervorrufen. Anfahren, Bremsen oder Gewackel lassen die gallertartige Substanz in den Bogengängen des Ohrs hin- und herwabern, was gewisse Gehirnregionen dazu veranlasst, ein Übelkeitsgefühl herbeizuführen. Wenn im flatterigen Magen des Fahrgasts dann noch ein Gemisch aus verschiedenen Cocktails vor sich hin verdaut, steigt die Wahrscheinlichkeit, dass die bunte Melange ihren Weg durch die Speiseröhre zurück findet … Das Produkt des Würfelhustens erlaubt meist problemlos Rückschlüsse auf die letzte Mahlzeit des ehemaligen Besitzers.

Seit den 90er Jahren gibt es eine Technik in Deutschland, deren Fachwort bereits Unwohlsein hervorruft: "Gleisbogenabhängige Wagenkastensteuerung". Damit wird eine Neigetechnik bezeichnet, die bei einigen ICE-Zügen eingesetzt wird. Ziele dieser wunderbaren Erfindung sind höhere Geschwindigkeit in Kurven sowie angenehmere Kurvenfahrten bei niedriger Geschwindigkeit. Kein Ziel der Neigetechnik, aber leider Nebenwirkung mit 'unschönem Beigeschmack', ist die dabei auftretende Übelkeit. Reisende, die damit Probleme haben, sollten sich in Fahrtrichtung setzen und möglichst nicht am Fenster Platz nehmen.

Schlaf, Pendlein, schlaf

Schlafen, Dösen und Dämmern während der Bahnfahrt ist ein narkotisierendes Thema. Für die einen ist es ein Ärgernis, morgens müde über die Schienen düsen zu müssen; für andere ist es eine Wonne, sogar ein Ritual, früh am Tage ein paar Minuten in der Bahn zu dösen.

Die Soziologin Angela Poppitz bemerkt zum Schlummern auf Schienen: "Interessanterweise gehört der Zug zu den wenigen öffentlichen Orten, wo Schlafen als Zeitverwendung toleriert und in technischer Hinsicht sogar unterstützt wird."[50] Für mobile Schlafmützen gibt es keine bessere Einschlafhilfe als das ständige Wackeln und Ruckeln. Wiederkehrende Geräusche, die von Bahn und Fahrgästen verursacht werden, werden im günstigsten Fall nicht mehr wahrgenommen, sondern unterstützen den müden Reisenden beim Dahindämmern. Sie versetzen so manchen in die Babyzeit zurück, als Papi nachts seinen kleinen Schreihals im Auto spazieren fuhr, damit er endlich Ruhe gab.

Doch für den Erwachsenen hat das Dösen im Zug einige Tücken. Es ist offenbar ein unverrückbares Naturgesetz, dass es in der Bahn in keiner Sitzstellung möglich ist, entspannt zu dösen. Die Bahn-erfahrene Anne Burmester beklagt: "Man findet nie die optimale Schlafposition, der Kopf hängt irgendwo auf Halbmast, weil die Rückenlehne nicht verstellbar ist. Man kann also nur kerzengerade und stocksteif dasitzen und muss versuchen einzuschlafen, ohne in sich zusammenzusacken."[51] Profis versüßen sich die Schlafpause mit einem mitgebrachten Reisekissen oder Nackenhörnchen.

Meine 35-minütige morgendliche Fahrt läuft meistens so ab: Die ersten zehn Minuten verbringe ich mit Lesen, solange die Konzentration ausreicht. Dann überkommt mich die Müdigkeit und ich muss jeden Satz dreimal lesen. Also packe ich meine Lektüre weg, verschränke die Arme und mache die Äuglein zu. Das ist meine bevorzugte Schlafposition.

Bei geringer Müdigkeit falle ich dann in einen leichten Dämmerschlaf, bei dem die akustische Wahrnehmung aber noch funktioniert und einige Geräusche dementsprechend nerven: das Klacken von Damenschuhen, das Husten/Schnauben/Niesen zur Erkältungszeit, inhaltsleere Small-Talks, Handy-Gebimmel – einfach alles, was das Kapitel "Akustische Ärgernisse" hergibt. Da hilft auch das schönste Fahrgeräusch nichts.

Manchmal überkommt mich aber eine dermaßen bleierne Müdigkeit, dass ich eine Schlafstufe tiefer purzele und nichts mehr mitbekomme, außer gerade noch rechtzeitig die Ansage meines Zielbahnhofs. Dort angekommen, muss ich mich aus den klebrigen Fängen des Dämmerschlafs lösen, schnell aussteigen und stehe dann noch ein wenig am Bahnsteig wie ein berauschter Tippelbruder, bis ich mich gesammelt habe.

Wenn ein Bahnfahrer beim Dösen in feuchte Träume abgleitet, kann der Speichel ein illustres Eigenleben entwickeln. Bei schlummernden Fahrgästen hatte ich schon oft gesehen, wie sie mit offenem Mund atmeten und sich ihre Spucke verselbstständigte. Ein Faden Verdauungssaft spannte sich vom Mundwinkel zur Schulter. Auch ich wachte selbst schon am Zielbahnhof Friedrichstraße auf und bemerkte ein nasses Fleckchen an meinem Schlüsselbein, wohl wissend, woher es kam. Natürlich hatte mich kein Mitreisender darauf aufmerksam gemacht, und alle Sitznachbarn taten so, also wäre nichts gewesen. Höfliche Gleichgültigkeit par excellence! Verbleibt der Speichel in seiner heimatlichen Mundhöhle, kann sich der Schlafende immer noch nicht in sabbernder Sicherheit wiegen: Armin Thiel beobachtete bei einem Fahrgast das regelmäßige hörbare Plopp, "das entsteht, wenn die Speichelblase in seinem Mund zerplatzt".[52]

Ähnlich war es bei diesem Lausbubenstreich im Großraumabteil: Ein älterer Herr schlummerte friedlich. Sein Mund war geöffnet und es bildete sich langsam eine Speichelblase. Zwei Jungs – vermutlich seine Enkel – versuchten vorsichtig mit einem aufgerollten Zettel die Blase zum Platzen zu bringen. Ihr Unternehmen endete abrupt, als der Bahnwaggon ruckelte und die Papierröhre in Opas Wange piekste anstatt in die Blase. Die Buben erschraken. Der alte Herr riss seine Augen auf, blickte kurz umher, fiel aber – einen schmatzenden Laut von sich gebend – wieder ins Reich der Träume. Schlaf, Opi, Schlaf.

Optische Ärgernisse: Blendende Aussichten

Blendende Aussichten oder Verdunklungsgefahr

Licht oder dessen Mangel kann in der Bahn kuriose Auswirkungen von variierendem Nervigkeitsgrad haben.

"Sommer, Sonne, Sonnenschein zieh ich mir furchtbar gerne rein", rappten schon 1992 die "Fantastischen Vier". Beim Bahnfahren ziehe ich mir die Sonne ungern rein, denn die blendet beim Lesen oder am Laptop. Eine Sonnenbrille hilft wenig, weil mit ihr der Textkontrast schwindet. Zudem trägt der Modebewusste die Sonnenbrille aus unerfindlichen Gründen meist auf dem Kopf ('italienische Krankheit'). Die einzige Lösung: Bereits bei der Sitzwahl Sonnenseite, Fahrtrichtung und Schienenverlauf berücksichtigen, um während der Reise möglichst blendungsfrei lesen zu können.

Die dauernde Blendung scheint zunächst abgewendet. Doch ein scheinbar augenfreundliches Plätzchen entpuppt sich dann als Ärgernis, wenn die Bahnstrecke von Bäumen und Häusern mit den entsprechenden Lücken dazwischen gesäumt ist: Das Sonnenlicht dringt nur kurz durch und das führt zu unangenehmem Flackern. Die helle Buchseite reflektiert das Licht wie ein Stroboskop und erzeugt optischen Psychoterror. Da hilft nur, den Sitzplatz zu wechseln oder auf ein Hörbuch umzusteigen.

 **Besser Bahnen: Hören statt Sehen**

Strapazieren Sie Ihre wertvollen Augen nicht nur am Arbeitsplatz sondern auch daheim am Computer? Die kleinen optischen Wunderwerke müssen den ganzen Arbeitstag Höchstleistungen erbringen: bei sieben Stunden Bildschirmarbeit bis zu 25.000 wechselnde Blicke zwischen Tastatur, Bildschirm und Schreibtisch![53]

Greifen Sie gelegentlich zu einem Hörbuch als Bahnlektüre – Sie und ihre Sehstärke werden es nicht bereuen.

Prallt einem plötzlich die Sonne ins Gesicht, müssen manche Menschen niesen. Dieser Licht-Nies-Reflex tritt bei einem Viertel der Bevölkerung auf. Die Bereitschaft für den "photischen Niesreflex" ist vermutlich vererbt, aber die Ursachen sind noch ungeklärt, wie Prof. Rüther vom Universitätsklinikum Hamburg-Eppendorf erklärt.[54] Dies sei darin begründet, dass der Licht-Nies-Reflex keinen dramatischen Krankheitswert hat und höchstens unter Umständen im Straßen- oder Luftverkehr gefährlich ist. Fatale Folgen kann er allenfalls für Seiltänzer haben. Das Lichtniesen ist und bleibt ein vererbbares, aber wenig lebensbedrohendes Ärgernis.

Ebenso wenig bedrohlich, aber trotzdem nervig, ist die Abwesenheit von Licht, vor allem dann, wenn sich der Bahngast gerade mit seiner Lektüre von der Außenwelt abgeschottet hat, wie es mir eine Zeit lang an der Berliner S-Bahn-Station "Bornholmer Straße" passierte: Beim morgendlichen Einfahren in den Bahnhof erlosch regelmäßig die Wagenbeleuchtung während der (kurzen) Standzeit. Gerade, als ich mich an diese Auszeiten gewöhnt hatte und das dunkle Minütchen nun zur Erholung vom Lesestoff nutzte, gab es die 'Bornholmer Phase' auf einmal nicht mehr und die Fahrt war wieder im Fluss. Von dieser seltenen dunklen Phase abgesehen, war die Bahn stets ein Ort des erleuchteten Reisens.

Werbepause

In einigen Bussen und Bahnen sind die Fenster vollständig mit Werbung bedeckt. Fachleute sprechen von "Ganzflächenwerbung". Sie verwenden dafür zwar Lochrasterfolie, die den Innenraum nicht vollständig verdunkelt, aber die Fahrgastzelle wird trotzdem dermaßen schummrig, dass der Reisende das Gefühl hat, er würde in einem Gefängnisbus sitzen.

Die Abdunkelung ist für den Nutzer öffentlicher Verkehrsmittel ein Komfortproblem: Er sieht vom Draußen nicht mehr viel, kann Haltestellennamen nicht lesen oder gegenübersitzende, befreundete Fahrgäste nicht genau erkennen. Ist der Mann gegenüber ein alter Schulfreund oder nicht doch der berüchtigte ÖPV-Killer, den er gestern im "Tatort" gesehen hat?

Für Sehbehinderte führt Ganzflächenwerbung zu massiven Beeinträchtigungen, denn sie können sich optisch kaum noch orientieren und sind auf Auskünfte von Begleitpersonen angewiesen, wie Dirk Jäger vom Deutschen Blinden- und Sehbehindertenverband beklagt.[55]

Allgemein fühlen sich die Reisenden zum Transportgut in rollenden Litfaßsäulen degradiert. Ein Flyer des Verkehrsclubs Deutschland zitiert einen Fahrgast zur Fensterwerbung in fröhlicher Mundart: "Do wirsch ganz gaga beim Nausgugga."[56]

Bei ausreichender Beleuchtung im Waggon – und das ist der Regelfall – nervt auch die Werbung *in* der Bahn. Regelmäßig fragen mich Werbeplakate, ob ich depressiv sei und an klinischen Studien teilnehmen möchte … man freue sich auf meinen Anruf!

Andere Plakate nötigen mich, mein Englisch zu verbessern: "I shame me so for my English"[57]. Und kaum ist dieses Eingeständnis verdaut, bombardiert mich schon die nächste Nachricht und animiert zu einem Fernstudium: "Yes, you can." War dieser Werbefachmann ein Anhänger von Barack Obama?

Mein Blick gleitet weg vom Plakat auf die spiegelnde Fensterscheibe, die das Augenmerk auf mein kahles Haupt lenkt. Passenderweise wartet auch schon die nächste Verbraucherinformation: Irgendein Institut mit hochtrabendem Namen bietet dauerhafte Haarentfernung an. Manche Leute haben eben auf anderen Körperregionen Probleme, die ich auf dem Kopf gerne hätte. Wie hinterfragte doch Doktor Eckhart von Hirschhausen so schön: "Warum bleibt die Summe der Haare am männlichen Körper immer gleich?"[58]

Neben dem statischen Werbeplakat hat mittlerweile auch das bewegte Bild Einzug in die Bahn-Welt gehalten. Schon auf dem Bahnhof begrüßen mich rollende Plakate, die die Aufmerksamkeit vor allem dann auf sich lenken, wenn ein neues Motiv surrend in den Sichtbereich spult. An den Gleisen begatten Beamer die trübseligen Bahnhofswände. Sie strahlen natürlich nicht nur lustige Zitate, Nachrichten und Trickfilmchen von Mordillo aus, sondern auch Werbung.

Hier und dort starren gelangweilte, gedankenversunkene oder erschöpfte Wartende auf diesen Teich aus Pixeln, um ihr Gehirn damit zu bewässern. Und wenn sie nicht dorthin stieren, dann blicken sie auf den Bildschirm ihres Handys. In der Berliner U-Bahn hängen kleine Monitore an der Decke und streuen Info-Häppchen aus der Promi-Kantine in die Augen der Reisenden.

Bildschirme sind überall! Dies lässt sich nicht mehr aufhalten und scheint eine zwingende Entwicklung zu sein, weil Technik und Wohlstand es ermöglichen. Also aufgepasst, liebe PR-Agenturen und Bahn-Konstrukteure: Wann kommt der erste Zug, dessen Außenverkleidung witterungsbeständige Bildschirm-Elemente enthält, z.B. organische Leuchtdioden (OLEDs), um uns Reisende noch mehr mit Werbung zu bombardieren?

Welchen weiteren Weg die digitale Werbung im öffentlichen Raum gehen könnte, deutet der Science-Fiction-Film "Minority Report" an, in dem reisenden Passanten maßgeschneiderte Werbung auf omnipräsenten Monitoren aufgezwungen wird. Diese Art individualisierter Clips wird in den U-Bahnen von Tokyo bereits erprobt: Die Werbetafeln beherbergen Kameras, die Geschlecht und Altersgruppe desjenigen erkennen können, der vor ihnen steht; dementsprechend wählt eine Software die Werbefilmchen aus.[59]

Einerseits ist es ärgerlich, dass der öffentliche Raum durch Werbung immer mehr erobert wird, andererseits macht Reklame Bahntickets erschwinglicher. Eine Hass-Liebe.

Rutschen auf rasanten Mustern

Die Sitzmuster und -farben in Bahnen sind funktional ausgerichtet, müssen ständiger Benutzung, Feuchtigkeit sowie Beschmierung und Vandalismus standhalten. Anders lassen sich die geschmacklichen Verirrungen auf den Sitzplatzpolstern, besonders in S- und U-Bahnen, nicht erklären. Diese Anti-Graffiti-Muster sollen das Aufkritzeln von Signaturen, sogenannten 'Tags', verhindern bzw. kaschieren.[60]

Die Sitzmuster erinnern an die verrauschten Bilder im Buch "Das Magische Auge", in die man so lange leicht schielend blicken muss, bis ein dreidimensionales Motiv erscheint. Dementsprechend habe ich den schielenden Blick schon bei diversen Bahnpolstern ausprobiert. Egal, ob das Muster langweilig schwarz-grau war oder ein aggressiv-buntes Fleckendurcheinander: Niemals konnte ich ein dreidimensionales Bild darin entdecken. Wie lange uns wohl noch bleibt, bis sich findige Werbeagenturen darum kümmern, diese Muster mit konsumanregenden Botschaften zu versehen?

Auch die Filmindustrie, die gelegentlich in Berliner Bahnen drehen möchte, stört sich am komischen Sitzplatzdekor: "Die Anti-Graffiti-Polster mit dem wirren Muster kommen in Filmen nicht gut."[61]

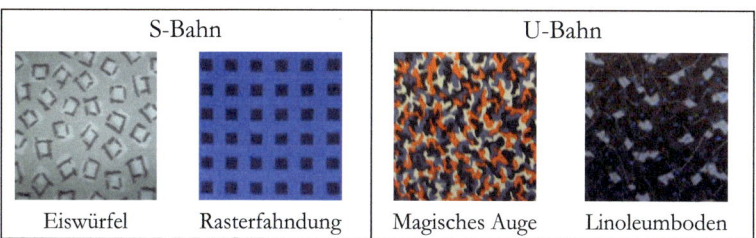

S-Bahn		U-Bahn	
Eiswürfel	Rasterfahndung	Magisches Auge	Linoleumboden

Psychedelische Sitzplatzmuster in Berliner Bahnen und Spitznamen, die sich dem Autor während langweiliger Fahrten aufdrängten

Über-Überwachung

Heutzutage sind die meisten Bahnhöfe gut überwacht, natürlich nur zu unserer Sicherheit. Die geheimnisvollen schwarzen Augen an der Decke von Bahnhöfen spähen in alle Winkel des öffentlichen Raumes. Mein Bauchgefühl – in diesem Fall eine Mischung aus Paranoia und intaktem Menschenverstand – sagt mir, dass zu viel Überwachung nicht gut ist.

Nun gibt es schon seit vielen Jahren Überwachungskameras im öffentlichen Raum. Bei den typischen länglichen Kameras mit Wandhalterung weiß der Bürger, in welche Richtung sie blicken. Unklar ist dem Beobachteten dagegen, wie scharf sie sehen können, welches Zoomobjektiv sie besitzen und ob sie nachtsichtfähig sind.

Subversiver sind Kameras unter einer verdunkelten Kuppel, die in einem Radius von 360° filmen können. Hier ist dem überwachten Menschen nicht klar, wohin sie blicken und ob sie überhaupt blicken.

Früher wurde das gefilmte Geschehen nur in Echtzeit – live – am Monitor von einer Person überwacht. Heute landen die Aufnahmen auf Festplatten und sollen dort vorschriftsgemäß nach kurzer Zeit gelöscht werden, wenn sie nicht zur Aufklärung von Delikten Verwendung finden.

Die natürliche Neugierde der Menschen kann leicht dazu führen, dass Videoüberwachung missbraucht wird, z.B. zur ausführlichen Begutachtung von Frauen.[62] Wenn die gefilmte Person Pech hat, landet der eine oder andere Schnipsel schon mal auf dem Internet-Filmportal "YouTube" und ist für Millionen Augenpaare nach nur wenigen Mausklicks zugänglich. Es wird wahrscheinlich nicht mehr lange dauern, bis man seine Pendlerkollegen im Internet-Live-Stream beim morgendlichen Dösen in der Bahn beobachten kann.

Und übermorgen? Dann wird die biometrische Gesichtserkennung überall verbreitet sein. "Google" dein Gesicht am Gleis – Facebook-Biometrie im Bahnhof. Gefällt mir – nicht!

Natürlich können die Kameras bei der Ergreifung von Übeltätern helfen, aber die tatsächliche Wirkung ist gering: Ein interner Bericht von Scotland Yard zeigte, dass auf 1000 Londoner Videoanlagen nur eine aufgeklärte Straftat kam; das britische Innenministerium schlussfolgerte, dass die Kameras einen "bescheidenen Einfluss" hätten, um Kriminalität zu bekämpfen.[63] Auch eine Studie der Berliner U-Bahn zeigte, dass eine 24-Stunden-Videoüberwachung keinen Sicherheitsgewinn brachte.[64]

Interessant wird es, wenn Videoaufzeichnungen trotz allem zur Festnahme der Delinquenten führen. So setzte die Berliner Polizei Aufnahmen ins Internet, auf denen vier Männer zu sehen waren, die einen aussteigenden Fahrgast verprügelten. Zwei Wochen später stellten sich die mutmaßlichen Täter, denn der Verfolgungsdruck aufgrund des öffentlichen Überwachungsvideos machte die Kriminellen mürbe.[65]

In Großbritannien experimentiert das Unternehmen "Internet Eyes" auf ganz anderem Niveau mit einem Überwachungsprojekt: Internetnutzer können zu Hause am Bildschirm die Übertragungen von Überwachungskameras in britischen Geschäften verfolgen und schlagen Alarm, wenn sie einen Ladendiebstahl beobachten.[66]

Neben der Videoüberwachung gibt es auch andere Technologien, die unsere Privatsphäre bedrohen, z.B. den Alltagsbegleiter Handy. Um erreichbar zu sein, senden die kleinen Schnackomaten regelmäßig Stand-by-Meldungen an die Mobilfunksender. Aus diesen gespeicherten Daten können Bewegungsprofile erstellt werden. Der Politiker Malte Spitz hat 'seine' Bewegungsprofile von seinem Handy-Provider eingeklagt und der ZEIT ONLINE zur Verfügung gestellt, wo sie grafisch aufbereitet zu sehen sind.

Diese Aktion zeigt, was mit Handy-Daten und Vorratsdatenspeicherung heutzutage möglich ist.[67]

Wer nicht per Handy überwacht werden möchte, der hat die Sache allerdings selbst in der Hand. Er kann die verräterische Quäke einfach abschalten.

Auch im Bereich der Fahrscheine schreitet die Technik voran, und damit die Überwachbarkeit: Die elektronischen Tickets werden kommen. Bald soll das Mobiltelefon das papierene Deutsche-Bahn-Ticket ersetzen.[68] Der Deutschen Bahn AG liegt anscheinend viel daran, anonymes Reisen unmöglich zu machen; kein Wunder, dass sie 2007 den Big Brother Award bekommen hat.[69]

Die Berliner S- und U-Bahnen haben ebenfalls Testphasen mit Smartcards durchlaufen lassen, aber so richtig startet das Projekt zum elektronischen Ticket noch nicht.[70] In anderen europäischen Großstädten wie London und Helsinki gibt es dagegen bereits Smartcard-Tickets. In der britischen Hauptstadt enthalten die Smartcards gleich Namen und Anschrift des Reisenden, wodurch es "technisch möglich wäre, die Bewegungen von Individuen im gesamten Londoner U-Bahn-Netz zu verfolgen", wie der Überwachungskritiker Pär Ström anmerkt.[71]

Die Überwachung von Bahnhöfen und Bahnen bedroht mich nicht wirklich existenziell, aber sie weckt ungute Gefühle. Als kleinen Anfang – wider die totale Kontrolle – schneide ich beim Anblick einer solchen Kamera eine Fratze, um dem Großen Bruder zu signalisieren: "Ich sehe dich!"

Ein wirksameres Mittel gegen den Ü-Wahn ist die Unterstützung entsprechender Organisationen, z.B. des Vereins "digitalcourage" (früher: "Verein zur Förderung des öffentlichen bewegten und unbewegten Datenverkehrs", FoeBuD). Dieser setzt sich schon seit 1987 für Bürgerrechte und Datenschutz ein und verleiht jährlich den oben erwähnten Big Brother Award.

Attraktive Augenweiden

Bei der Überwachung per Kamera sitzt irgendwo jemand und beobachtet unerkannt. Dieses Wissen kann Unbehagen beim Beobachteten auslösen. Noch viel unangenehmer ist es allerdings, wenn Menschen einen direkt anstarren.

"Als Bahnreisender muss man damit rechnen, dass man von seinen Mitreisenden mit unterschiedlicher Aufmerksamkeit studiert wird", stellt Angela Poppitz fest.[72] Dies testete ein technikverliebter Freund im Selbstversuch, als er zum U-Bahnfahren eine Minikamera in Knopfgröße an seiner Jacke befestigte. Anschließend betrachtete er die Aufnahmen am heimischen Computer und stellte erschrocken fest, dass ihn nahezu *jeder* Zusteigende beim Betreten der Bahn kurz musterte.

Solche Blicke von Mitreisenden nimmt ein herkömmlicher Fahrgast nicht wahr. Höchstens eine sehr attraktive Person ist sich bewusst, dass sie immer und überall angeglotzt wird.

Angucken ist eine Frage der sozialen Hierarchie: Ein Untertan starrt seinen Herren nicht an, sondern senkt sein Haupt. Wer sich schämt, guckt verstohlen nach unten. Jemanden anzuglotzen ist ein Akt der Aggression; im Tierreich nutzen z.B. Raupen und Schmetterlinge 'Scheinaugen' zur Abschreckung, die für hungrige Vögel wie die Augen gefährlicher Tiere aussehen.[73] Als normaler Y-Chromosom-Träger (Mann) verliere ich – genauso wie die meisten anderen Ys – die Kontrolle über mein Augenpaar, wenn eine attraktive Frau durch die Bahn schwebt. Ich muss reflexartig hingucken, erst dann gewinnt mein Über-Ich wieder die Herrschaft über die Glubscher. Bei jedem Betrachtungsmoment belohnt sich das männliche Gehirn nämlich mit einer Dosis des Nervenbotenstoffs 'Dopamin', nach dem auch Drogensüchtige lechzen. Jeder Blick ein Kick.

Ein kurzes Schauen zur üppig ausgestatteten Blondine gegenüber ist akzeptabel; für ihn, für seine Partnerin und vermutlich auch für die Angestarrte selbst. Schließlich weiß die Attraktive, dass sie Augenblicke auf sich zieht, und genießt es vermutlich sogar, solange es in kleinen Häppchen geschieht. Unangenehm wird es für das betrachtete Superweib, wenn männliche Mitreisende sie dauerhaft anglotzen und 'mit den Augen ausziehen'. Unangenehmes widerfährt dann auch dem männlichen Reisenden, wenn er fürs Anstarren die Handtasche seiner Partnerin ins Gesicht bekommt.

Im Sommer gibt es mehr nackte Haut zu sehen und mehr ausgeschwitzte Sexuallockstoffe zu schnuppern als im Winter. Mit einem Y-Chromosom im Zellkern hat das Über-Ich während dieser Zeit der Fleischbeschau jede Menge Kontrollarbeit zu leisten.

Es ist jedoch ein Klischee, dass nur die Herren der Schöpfung glotzen und die Evas weniger interessiert am Körper des anderen Geschlechts sind. Ich hatte eine Zeit lang Gelegenheit, weibliche Fahrgäste zu beobachten, während regelmäßig ein attraktiver Fahrgast – ich taufte ihn deshalb 'Hübscher' – durch den Waggon-Gang schlenderte. Mit verstohlenen Blicken guckten die Damen dem schmucken Burschen hinterher und musterten seinen 'body'. Jeden Morgen. Allerdings passierte dies nicht mit der gleichen Offensichtlichkeit wie bei den Männchen, sondern eher kurz und latent. Fazit: Damen glotzen auch, nur subtiler.

Nicht nur der Körper des Gegenübers wird von Bahnreisenden beobachtet, sondern auch alles andere, was im fahrenden Raum präsentiert und konsumiert wird: Unterhaltungselektronik, Arbeitsunterlagen, Bildschirminhalte, Literatur. Der Bahnfahrer gibt damit ein Stück seines Lebens preis. Es kommt nicht von ungefähr, dass ich schon einmal Bedenken hatte, ein Buch mit brisantem Titel in der Bahn zu lesen; ich fürchtete nämlich die argwöhnischen Blicke der Mitreisenden. (Wegen der Brisanz des Themas darf der Titel dieses Buches hier nicht genannt werden.)

Gebäck in Timbuktu

Sie hängen den ganzen Tag am Bahnhof rum und brauchen keine Pause. Sie arbeiten rund um die Uhr bei Wind und Wetter und beschweren sich nicht ein einziges Mal. Die Zukunft sagen sie ziemlich gut vorher, aber manchmal kommt auch Unsinn dabei raus. Anzeigetafeln sind ein Segen für die Fahrgäste, die ansonsten das Bahnpersonal ständig mit Fragen nerven müssten, wann der Zug kommt, wohin er fährt oder ob er pünktlich ist. Elektronische oder mechanische Anzeigetafeln informieren die Fahrgäste über diese trockenen, aber reisewichtigen Details. Moderne Modelle sind mit dem Zugleitsystem verbunden und geben Verspätungen in Echtzeit bekannt. Der Fachmann spricht von der 'dynamischen Fahrgastinformation', wobei hier Informationen *für* den Fahrgast angezeigt werden und nicht *über* den Fahrgast.

Trotz oder gerade wegen der Technik sind auch Anzeigetafeln nicht frei von Fehlern, etwa wenn bei mechanischen Tafeln die

Buchstaben klemmen und Ortsnamen durcheinandergewürfelt dargestellt sind, z. B. DO,T/KED oder DORTMUNT anstatt DORTMUND. Eine aufgeregte Anzeigetafel warnte einmal: "Aansage beacht – !!! ACHTUNF !!!" Weil das Böse überall lauert und anscheinend auch vor Keksen nicht haltmacht Halt macht, erinnerte eine andere: "Achtung Sicherheitshinweis! Lassen Sie Ihr Gebäck nicht unbeaufsichtigt." Hier war die Ursache wohl eher ein Defekt in der Sorgfalt des Verfassers als in der Technik der Anzeigetafel. Dasselbe galt für jenen denkwürdigen Vorfall, bei dem der Reisende den Einfallsreichtum der Software-Entwickler bewundern konnte, weil sie vergessen hatten, Testnamen aus der Verbindungsanzeige zu entfernen: Da fuhr z. B. ein Anschlusszug "16:16 über: Tokio, Neu Delhi nach Timbuktu, Gleis 6", einige Zeilen darunter war ein Zug um 19:19 angekündigt, der über Tokio und Testbild nach Timbuktu fahren sollte.

Dass auf Anzeigetafeln Unsinn prangt, ist aber eher Ausnahme als Regelfall. Wann immer dies passierte, hatte ich leider nie eine Kamera startklar, um diese Sternstunden von Signaltechnik und Mensch-Maschine-Interaktion zu dokumentieren. Ärgern kann ich mich über diesen Anzeigetafel-Unsinn nur, wenn mir auf der Fahrt nach Timbuktu das Gebäck geklaut wird.

Geruchliche Ärgernisse:
Muffelnde Menschen

Der Fuchs riecht nicht seinen eigenen Gestank.
(Sprichwort aus Wales)

Die Geruch-Matrix

Während Geräusch verhallt, Licht abnimmt, kann sich Geruch hartnäckig festsetzen, nicht nur in Kleidung, Haut und Haaren, sondern auch in der Erinnerung, bemerkt der Soziologe Lars Frers.[74] Der Geruchssinn hat besonderen Einfluss auf die emotionale Stimmung, weil er in direkter Verbindung zu entwicklungsgeschichtlich alten Gehirnregionen steht. Er hat eine "Standleitung zu unseren Emotionen, Erinnerungen und Gedanken"[75]. Diese Regionen sind z. B.:
- Thalamus ("Tor des Bewusstseins")[76],
- Limbisches System ("Sitz der Emotionen")[77],
- Hippocampus ("Schaltzentrale des Gedächtnisses")[78],
- Amygdala ("Bereich zur emotionalen Einfärbung von Informationen")[79].

Täglich fahre ich in der S-Bahn mit ihrer geruchlichen Matrix, einer Mischung aus Reinigungsmittel, Schmieröl und Menschenodeur. Die Duftnote 'S-Bahn' und das Gefühl 'Ich fahre zur Arbeit' treten wiederholt in engem zeitlichen Zusammenhang auf. Dadurch werde ich 'konditioniert', wie Biologen, Verhaltenstherapeuten und Werbefachlaute es nennen.

In seinem weltbekannten Konditionierungsexperiment brachte Iwan Petrowitsch Pawlow Hunden bei, dass nach Ertönen einer Glocke die heiß ersehnte Fütterung folgte. Danach reichte der pure Glockenton aus, um die Hunde zum Sabbern zu bringen: "Bimmel, Bimmel → Sabber, Sabber", wie es Jürgen Brocke auf seiner Nichtraucher-Internetseite formuliert.[80] Ähnlich ist es auch bei mir: Nehme ich morgens den S-Bahn-Geruch wahr, ist mein Körper voll und ganz auf Arbeiten programmiert. Brocke würde es so ausdrücken: Bimmelbahn → Arbeit fah' n.

Entsprechend verwirrt reagiert mein limbisches System, wenn ich mit der S-Bahn *nicht* auf dem Weg zur Arbeit bin, sondern aus vergnüglichen Gründen reise. Das wäre so, als hätte Pawlow seine Hunde nach dem Ertönen der Glocke nicht gefüttert, sondern plötzlich mit TV-Sendungen von "Lassie" oder "Kommissar Rex" gequält.

Es riecht nicht immer gut in den rollenden Räumen des öffentlichen Personennahverkehrs und ein breites Repertoire davon ging schon durch meinen Riechkolben. Auch Agent Smith, virtueller böser Bube aus dem Science-Fiction-Film "Matrix", ist angewidert von der degoutanten Duftwolke der Gattung *Homo sapiens*:

Ich hasse diesen Planeten! Diesen Zoo, dieses Gefängnis! Diese Realität, wie auch immer man dazu sagen mag, ich halte es nicht länger aus. Vor allem den Geruch! Falls so was existiert. Ich bin seiner sozusagen überdrüssig! Ich kann riechen, wie Sie stinken, und jedes Mal wenn ich es rieche, fürchte ich, mich infiziert zu haben.

Leider ist Agent Smith nur eine armselige Menschenvernichtungssoftware und kann die Vielfalt der Gerüche nicht wertschätzen, hat nur Verachtung für sie übrig. Ganz anders im aromatischen Roman "Das Parfum" von Patrick Süßkind, in dem der Protagonist Grenouille von jeglichen Duftnoten der (Menschen-) Welt entzückt ist. Sein Lebenswerk ist die ewige Konservierung bestimmter Gerüche.* Leider gipfelt diese Sucht in der Ermordung von jungen Frauen, in deren Duft er besonders vernarrt ist. Bemerkenswert ist, dass diese so gegensätzlichen Figuren – Agent Smith und Grenouille –, die beide so empfindlich auf olfaktorische Reize reagieren, große Macht über Menschen haben und sie gegen diese einsetzen.

Doch nun zurück aus der Matrix in die Realität†: Die S-Bahn Berlin hat bereits darüber nachgedacht, ein spezielles Parfum gegen unangenehme Gerüche zu vernebeln. So hat es zumindest die Berliner Zeitung 2008 berichtet.[81] Doch anscheinend ist es beim Nachdenken geblieben, denn auch nach fünf Jahren ist noch kein

---

*   Selten las ich einen Roman, der Duft und Gestank so präzise und poetisch beschreibt.

†   Oder zurück aus der Realität in die Matrix?

Parfum in der S-Bahn zu erschnuppern; vermutlich, weil das Unternehmen in diesen letzten chaotischen Jahren andere Probleme hatte, als gut zu riechen.

Ohne Schweiß am Gleis

Porentief Schwein

Wir Menschen schwimmen in einem sozialen Milieu, meinte der Evolutionsbiologe Richard Dawkins in einem lehrreichen Vortrag.[82] Leider produzieren wir dabei Mischungen von Abwehr- und Lockstoffen, die Nase und Hirn unserer Artgenossen bewusst und unbewusst reizen.

Im öffentlichen Nahverkehr-Kampf ist das wichtigste Körpersekret der Schweiß: Mithilfe von circa zwei Millionen Schweißdrüsen produziert jeder von uns täglich mehrere Liter davon.[83] In erster Linie dient dies der Kühlung des Körpers, da diesem bei der Verdunstung Wärme entzogen wird. In zweiter Linie hat Schweiß eine biologisch-soziale Funktion: Er enthält sogenannte Pheromone, reißerisch auch Sexuallockstoffe genannt, die das andere Geschlecht in Wallung bringen. Für konkurrierende Artgenossen übermitteln die Duftstoffe ebenfalls eine bestimmte Information, indem sie mitteilen: "Hier bin ich – geh fort!" oder: "Ich habe Angst!"

Diese Substanzen werden zwar nur unterschwellig wahrgenommen (in winzigen Einbuchtungen der Nasenscheidewand, dem sog. Jacobson-Organ), haben aber einen Einfluss auf Sympathie und Partnerwahl. Bemerkenswert ist, dass frischer Schweiß nicht stinkt, sondern erst durch eifrige Bakterien der Haut in übelriechende Substanzen umgewandelt wird: Die Bakterien stürzen sich auf die langkettigen Fettsäuren und bauen sie zu Buttersäure (Duftnote 'Erbrochenes') oder zu Ameisensäure (Duftnote 'Stechend') ab.

Während der Körpergeruch bei Frauen meistens säuerlich ist, umgibt Männer häufiger eine Aura aus stechend-beißendem Odeur.[84] Doch auch Frauen können stechend riechen, wie ein poetischer Blogger aus Hamburg erlebte:[85]

Was für ein wunderschöner Tag. Ich sitze an der S-Bahn-Station Barmbek. Bis zu meinem nächsten Zug sind es noch ein paar Minu-

ten. Entfernt im Baumwipfel kann ich Vögel zwitschern hören. Menschen essen Eis, die Atmosphäre ist ruhig und friedlich. Eine Spinne webt zwischen zwei Stützstreben im Dach ein neues Netz. Kleine Kinder erleben ihren ersten Spätsommer, manche wagen erste Schritte neben der Kinderkarre. Überall finden sich angeregt unterhaltene Mitbürger, manchmal hört man das Schlürfen eines Erfrischungsgetränks.

Eine junge Frau setzt sich telefonierend diagonal hinter mich auf die Wartebank.
...und die Luft ist vollgefüllt voll süßlich stechenden, weiblich riechenden
— ritsch —
!! SCHWEIß !!
Wüäääh.
Also doch wieder im Stehen auf die Bahn warten.

Derber Schweißgeruch katapultiert selbst einen gedankenversunkenen Romantiker zurück in die Realität. Die Nervenverbindung zwischen Riechkolben und dem Sitz der Emotionen ist einfach zu wirkungsvoll, als dass sachliche Argumente ("frischer Schweiß stinkt nicht") oder Gedankenversunkenheit ("hach, ist der Frühling schön") mächtig genug wären, um von der Wahrnehmung eines deutlichen Geruchs abzulenken. Der olfaktorische Reiz ist präsent, vernebelt unsere Sinne – alles andere ist klein und unwichtig dagegen.

Die Wonnen des Schweißaromas kann der Bahngast vor allem im Sommer erfahren, wenn der Körper seine Kühlung durch erhöhte Schweißproduktion sicherstellt und die Bahnfahrt zum geruchlichen Grauen wird. In der Enge eines Waggons hat der Reisende keine andere Wahl, als den Duft der Personen um sich herum einzuatmen.

Das Tragen von Kunstfaserklamotten verschlimmert die Geruchsentwicklung, denn der Schweiß kann durch diesen synthetischen Stoff nicht verdunsten oder von ihm aufgesogen werden, wie es bei Baumwolle der Fall ist. In diesem feucht-warmen Milieu vermehren sich die Bakterien freudig und erzeugen eifrig ihre stinkenden Stoffwechselprodukte. Vorsorglich aufgetragene Deos versagen ihren Dienst oder verschlimmern gar den Stinkeffekt.

Nach einem langen Arbeitstag genoss ich Biergartenfreuden in einer lauen Berliner Sommernacht. Ermattet tingelte ich nach Hause. Es war schon eine fortgeschrittene Abendstunde, und so war der Bahnwaggon nur sparsam mit Fahrgästen besetzt. Ich zog meine Schuhe aus, da mir die Füße schmerzten und sie nach Kühlung lechzten. Wegen der heißen Temperaturen – und wegen des modischen Gebots – trug ich keine Socken zu den kurzen Hosen, war also barfuß in den Gummi-Galoschen. Ermüdet vom Tageswerk und abgestumpft vom Alkoholkonsum hatte ich nicht den Eindruck, die Wahrnehmungsschwelle für Käsefüße (s. Seite 81) zu überschreiten. Hingegen hatten die Stinkmoleküle sich vier Sitzplätze weiter in die Nase eines Mitreisenden gestohlen und bei ihm die Fluchtschwelle erreicht: "Zieh gefälligst deine Schuhe wieder an!", motzte er aggressiv. Ich merkte nun, dass es wirklich derbe nach meinen Käsemauken roch, stülpte rasch die Turnschuhe wieder über und ärgerte mich über meine Nachlässigkeit.

In diesem Fall war ich der Täter, ein anderes Mal wurde ich aber auch Opfer: Die Dame gegenüber war alles andere als attraktiv und ihr rosa Sweater passte sehr gut zu ihrem Typ; vermutlich vor Jahren beim Klamottendiscounter KiK gekauft und zu 100% aus Polyacryl hergestellt. Möglicherweise war meine Mitfahrerin die verschollene Zwillingsschwester von Cindy aus Marzahn. Ihr Sweater hatte seinem Namen alle Ehre gemacht (engl. to sweat = schwitzen) und die Muffelmoleküle hatten die Matrix der S-Bahn schon ausgefüllt. Betäubt durch die chemische Attacke ihres Achselkaffees, grub ich aus den Untiefen meines Rucksacks verzweifelt eine kleine Dose chinesischen Tigerbalsam hervor. Dieses Mittelchen mit brutalem Mentholgeruch hatte ich für Erkältungstage dabei, aber selten benutzt, wie das längst abgelaufene Mindesthaltbarkeitsdatum bezeugte. Bis ich das Döschen endlich aufgemacht hatte, hatten schon wieder tausende von Stinkmolekülen meine Geruchsrezeptoren besetzt. Sie feuerten verzweifelte Signale zum Gehirn, das wiederum unablässig 'Mayday' in mein Bewusstsein sendete. Immer noch benebelt von dem unfassbaren Ekel gegenüber dem Buttersäure-Parfum, fingerte ich am Tigerbalsamdöschen herum, und endlich ploppte es auf. Mein kleiner Finger strich durch die opake Fettmasse und massierte etwas davon unter meine Nasenlöcher. Nun waren die Stinkmoleküle zwar immer noch präsent und wahrnehmbar, aber die Mentholmoleküle befanden sich in der Überzahl.

Die Situation erinnerte mich an einen Dialog zwischen meinem Freund H. – nach einem Motorradunfall im Krankenhaus liegend – und seinem Arzt:

> *Arzt: Herr H., ich habe ihnen jetzt ein Morphin-Präparat gegen die Schmerzen gegeben. Tut es noch weh?*
> *H.: Ja Doc, ich spüre die Schmerzen noch, aber sie interessieren mich nicht mehr!*

Wenn es darum geht, die Schweißproduktion von Fahrgästen anzukurbeln, hat jede Jahreszeit so ihre Eigenheiten: Im Sommer schwitzen die Menschen aufgrund der hohen Umgebungstemperatur. Wenn sie dann nach einem Gleiswechsel-Sprint hechelnd durch die Bahntür plumpsen, wird die Schar der Reisenden zum Opfer ihres Axe(l)-Effekts. Im Winter ist die Umgebungstemperatur zwar niedrig und nicht Ursache von post-athletischen Hitzewallungen, aber es sind dicke Winterklamotten nötig, die Hitzestau verursachen und den Hetzling zum Schwitzen bringen.

Um kein Opfer der Gerücheküche zu werden, empfiehlt es sich, bei der Sitzplatzauswahl sorgfältig vorzugehen und auf die Schwarmintelligenz zu vertrauen: Findet sich in einer prall gefüllten Bahn eine Oase an freien Sitzplätzen, sollte der Suchende skeptisch sein, denn möglicherweise geht von diesem Sitz oder benachbarten ungepflegten Fahrgästen ein strenger Duft aus. Ein einsamer Geselle ist kein guter Reisegenosse.

Bahnwinde

Nicht nur auf der Haut leisten Bakterien ganze Arbeit, wenn es um die Produktion von Stinkstoffen geht. Im Darm befindet sich das Hauptquartier der menschlichen Bakterienkolonie, denn dort wohnen 10^{14} (= 100.000.000.000.000 = 100 Billionen) dieser kleinen Wesen, was 99% aller Bakterien des menschlichen Körpers ausmacht.[86] Der Mensch besteht aus ca. 10^{13} Zellen, somit kommen auf eine menschliche Zelle zehn Bakterien. Wer besiedelt hier eigentlich wen?

Im Darm entstehen bei jedem Verdauungsvorgang Gase, die in der Regel vom Blutkreislauf aufgenommen und über die Lungen ausgeatmet werden. Abhängig von der Zusammensetzung der

Darmbakterienflora und den Essgewohnheiten des Menschen können die Gase ihren Weg in die Freiheit über den Anus finden.[87] Von da an ist das Schicksal der Darmwinde ungewiss.

Auch wenn viele es nicht zugeben werden: Der Pupsproduzent nimmt weniger Anstoß an *seinem* Geruch als die anderen Personen. Schon die alten Römer waren sich dieses Zusammenhangs bewusst und zementierten dieses *faktum flatum* mit dem lateinischen Sprichwort "Cuique suus crepitus pomo est fragantior omni."[88] (Jeder riecht seine eigenen Fürze gern.) Auch der Entertainer Jürgen von der Lippe skizzierte diese Weisheit in einem Sketch, in dem ein kleiner Junge resümiert: "… Ach – die *Eigenen* sind OK!"[89]

Entwicklungsgeschichtlich betrachtet, muss der Mensch ein besonderes Verhältnis zum Geruch haben, denn er weist eine anatomische Besonderheit auf: Er ist das einzige 'Tier', dessen Nasenlöcher auf sich selber gerichtet sind, während die Nasenöffnungen aller anderen höheren Tiere vom Körper fort weisen. Vielleicht riecht der Mensch sich deshalb so gerne?

Doch warum ist dann das Reden über und das Produzieren von Leibeswinden ein Tabu? Die Buchautoren Abrahamson und Freedman spekulieren, dass schlechte Gerüche im Mittelalter noch zum Alltag gehörten. Mit dem Aufkommen des Sittlichkeitsbegriffs im 18. Jahrhundert verschwand das Thema zunehmend aus dem kulturellen Bewusstsein, und "das willige, sündige Fleisch mit seinen Ausdünstungen galt als unschicklich"[90].

Schon oft habe ich verderbliche Gerüche im Umkreis verdächtiger Mitreisender wahrgenommen, aber nie den ankündigenden Pupston, der den Urheber *in flagranti* identifiziert hätte. Unerfahrene Bahnfurzer können sich aber auch selber demaskieren, wie der Hamburgtraffic-Blog erzählt:[91]

Ein kleiner Junge (vielleicht zehn Jahre alt) sitzt mir in der U1 gegenüber. Plötzlich fängt es ziemlich streng nach 'gewissen Gasen' an zu riechen. Ich hatte nicht direkt einen Verdacht, bis der Junge in der Luft schnupperte und dabei leise "ups" sagte.

Vielleicht ist der Geräuschpegel der Bahn-Umgebung einfach zu hoch, um die Schallwellen des Pupsgeräusches[92] zum Ohr dringen zu lassen. Oder erklärt sich die verdächtige Stille doch dadurch, dass der flatulierende Mitreisende den Abgang seines Darmwindes so kontrolliert, dass es keinen Ton gibt?

In dem Comic "U-Bahn Pupse" bemerkt ein kleiner Junge, wie ein Mann heimlich einen harten Wind streichen lässt.[93] Er fragt – Kindermund tut Wahrheit kund – seine Mama danach und löst eine generationenüberspannende Diskussion um dieses Tabu-Thema aus.

Fest steht: Das olfaktorische Ärgernis des Pups-*Geruches* ist auf jeden Fall stärker als das *akustische* Ärgernis des Pups-*Geräusches*.

Brechend voll

Kotze ist ein aus grobem Wollzeug oder Loden gearbeiteter ponchoartiger Überwurf ohne Ärmel – oder eben Erbrochenes. Kotze als Kleidungsstück erblickt der Reisende selten in der Bahn, ebenso das erbrochene Pendant – glücklicherweise! Doch selten ist nicht nie, und so trug es sich eines Tages zu, dass an der S-Bahn-Station Tegel ein fülliges Herrchen (haarig, ungepflegt und ein abgewetztes AC/DC-Tourdaten-T-Shirt tragend) und sein kleiner Kläffer hinzustiegen. Kurz nach dem Anfahren unterbrach ein seltsames Geräusch die Normalität, dessen Urheber ich nicht ausmachen konnte. Bei der nächsten Station stieg das Herrchen mit dem Köter aus, als wäre nichts gewesen.

Es war auch nicht viel gewesen, aber es blieb doch eine strenge Duftnote zurück, die den Weg zu einem kleinen Teppich an Erbrochenem wies: Nicht schön im Geruch und auch optisch wenig ansprechend. Hatte das Herrchen die Verdauungsprobleme seines Hündchens wirklich nicht bemerkt oder sie absichtlich ignoriert?

Abgesehen von dieser Erfahrung habe ich keine Bekanntschaft mit anverdautem Mageninhalt in der Bahn gemacht und schließe für mich daraus, dass es nicht so häufig vorkommt. Weitaus zahlreicher sind die Fälle, in denen eine 'Bordsteinpizza' den Bahnsteig oder deren Zufuhrwege ziert. Vor allem nach den Wochenenden, an denen Unmengen an Bier und Dönern die Kehlen von feierwütigen – meist männlichen – Aspiranten passiert haben, bieten sich widrige, bunte Naturschauspiele am Wegesrand. Sie zeugen von den Ausschweifungen der vergangenen Nacht.

Das Parfum

Eine Überdosis Aftershave? Ein Tröpfchen zu viel 4711? Ein ungezügelter Sprühstoß von 8x4-und-der-Tag-gehört-Dir? "Dir schon, aber nicht den Mitreisenden!", schmolle ich, wenn sich eine penetrante Duftwolke überdosierten Parfums in der Bahn ausbreitet. Fraglich, was schlimmer ist: der Eigengeruch des Mitreisenden oder der Hauch von irgendwelchen französisch klingenden Duftwässerchen, um eben jenen Eigengeruch zu überdecken.

Beim Parfum – und dies kann stellvertretend für jede künstliche Duftquelle angenommen werden – gibt es je nach Duftintensität und Duftwirkung folgende, individuelle Schwellenwerte[*]:

---

[*] inspiriert von Wikipedia

Schwelle	Wahrnehmung	Beispielsituation im wahren Leben
Duftwirkungsschwelle	Noch nicht bewusst wahrnehmbare Intensität	"Ich rieche nix. Und Du? Komisch, irgendwie muss ich gerade an Schule denken …"
Wahrnehmungsschwelle	Man riecht etwas, kann es jedoch noch nicht zuordnen	"Ich rieche etwas. Es könnte Fensterputzmittel oder das Parfum meiner damaligen Französischlehrerin sein."
Erkennbarkeitsschwelle		
von: angenehmer Duft	Der Duft ist erkennbar und	"Nee, der Duft erinnert mich doch an Mama."
bis: aufdringlicher Duft	benennbar	"Und Mama nahm doch immer Chanel No.5!"
Fluchtschwelle	Aufdringlicher Duft, der eine Fluchtreaktion auslöst	"Wenn die alte Tasche nicht gleich aussteigt, muss ich flüchten, speien oder falle in Ohnmacht …"

Es ist nichts dagegen einzuwenden, wenn Duftmolekülmengen verwendet werden, die sich zwischen Wahrnehmungs- und Erkennbarkeitsschwelle bewegen. Aber Vorsicht ist geboten, wenn die Dosis höher ist. Dann wird die Fluchtschwelle erreicht und verleitet mich (sowie auch andere Menschen) zu unkontrollierten Handlungen, beispielsweise chinesischen Tigerbalsam unter die Nase zu kleistern (wie bei Schweißattacken). Das Anmeckern des duftenden Fahrgastes wäre sicher auch eine Möglichkeit, wurde aber immer wieder verworfen. Ich wähle lieber die Flucht nach vorn und rette mich auf einen Sitzplatz fernab.

Die Grenzen zwischen angenehmem und penetrantem Duft verschwimmen, schnuppert man etwas tiefer. So befinden sich im Parfum winzige Mengen einer übelriechenden Substanz. Diese heißt Skatol und ist der "schlimmst-stinkende Stoff", um es mit den Worten meines einstigen Dozenten zu sagen. Skatol entsteht beim Abbau von Eiweißen und kommt im tierischen Kot vor. Das Molekül spielt die erste Geige bei der Duftnote des Pupsgeruchs und eine Rolle als Taktgeber in Parfums. Hat das etwas mit dem Ausdruck 'Aftershave' zu tun?

Da die menschliche Geruchsempfindlichkeit mit zunehmendem Lebensalter abstumpft, verwenden Senioren entsprechend mehr von den 'douglasischen' Stinkstoffen, als sie es während jüngerer Lebensjahre taten. Dies erklärt auch meine Beobachtung, warum meistens ältere Damen und angestaubte Herren die Träger des volatilen Wahnsinns sind. Doch auch manche Singles auf Partnersuche und Teenager in der Experimentierphase finden kein Mittelmaß bei der Dosierung.

Ganz besonders verankert sich ein Geruch dann in meinem Gehirn, wenn ich – eingehüllt in die Duftwolke des Mitreisenden – einen Niesreiz verspüre. Durch das Einsaugen der Luft kurz vor dem Nieser, verteilen sich die Parfummoleküle in tiefste Nasenhohlräume meines Schädels und verirren sich dort durch den erlösenden Nieser noch weiter. Der Geruch bleibt im Kopf kleben, selbst wenn Odeur-Omi schon vor fünf Minuten ausgestiegen ist. "… wenn ich geh, dann geht nur ein Teil von mir", sang Peter Maffay in dem Lied "So bist Du".

Lindern – nicht heilen – kann eine Packung "Fishermen's Friend extrastark" die Allgegenwart des Parfumdufts. Aktuell gar nicht lindern kann ich den Ohrwurm des oben erwähnten Peter-Maffay-Songs, der wie das Parfumaroma auch nicht mehr aus meinem Kopf weichen will.

Druck in Blase und Tunnel

In Fern- und Regionalzügen hat der Reisende das Vergnügen, die öffentliche Bordtoilette benutzen zu dürfen. In S- und U-Bahn ist ihm so etwas nicht vergönnt.

Wie für öffentliche WCs typisch, sind Hygiene und angenehmer Duft auch in Bahntoiletten selten vorzufinden. Aus intimen Geständnissen von befreundeten Damen erfuhr ich, dass sie nur im Notfall ihr Geschäft auf der Bahntoilette verrichten. Für die mangelhaften Zustände ist jedoch nicht nur das Bahnunternehmen verantwortlich, sondern auch der Reisende, der die Toiletten benutzt. Dementsprechend prangt dort der mehrsprachige, aber vergebliche Hinweis: "Bitte verlassen Sie den Raum so, wie Sie ihn vorfinden möchten. Danke!" Humorvolle Zeitgenossen nehmen dieses wörtlich und gestalten die Bordtoilette nach ihrem eigenen Geschmack, z.B. Moritz Freiherr Knigge: Bei ihm dürfen Radio,

Frühlingstapeten, Klobürste sowie Duftkerze nicht fehlen, wie ein Video zeigt.[94] Ähnlich dekoriert der zynische Bahnliebhaber Olli Neumann in seiner Fotomontage: "Tropfenfänger vor's Lokus, Gardinen an die Scheibe, Blume vor's Fenster (bitte nur Kunstblumen, viele Züge haben noch keine Gießkanne an Bord), die Wand schnell tapeziert, das komplette Fünferpack Duftspender an die Wand (auch gerne vor der Toilette und am Sitzplatz) und fertig ist die Deko-Toilette."[95] Ich für meinen Teil würde mir eine Klorollen-Barbie wünschen; so könnte ich mich in Sicherheit wiegen, dass immer ausreichend Vierlagiges zur Verfügung steht – wie damals auf Omas Örtchen.

Das mobile Refugium gab es nicht schon immer: Vor etwa 145 Jahren begannen die Bahnverwaltungen in Preußen mit dem Aufrüsten der Fernzüge. Es wurden einfache Plumpsklos eingebaut mit Spülung per handbetriebener Wasserkanne.[96] In der "Enzyklopädie des Eisenbahnwesens" von 1912 wurden die Anforderungen und Eigenschaften der Bordtoiletten unter dem Oberbegriff "Aborte in Eisenbahnwagen" bis ins letzte Detail beschrieben: Die Grundfläche musste mindestens 1 m² betragen und die Brille 45 cm hoch über dem Fußboden sein.[97] Deutsche Gründlichkeit macht eben auch vor Verdauungsendprodukten keinen Halt.

1974 wagte die Bahn eine neue Wortwahl: Die Dienstvorschriften sprachen nun von "WC" anstatt "Abort"; aber die Plumpsklo-Entsorgungsweise blieb die gleiche.[98] In den Fernzügen dieser Altersklasse landeten die Exkremente auf einem Gummiplateau am trichterförmigen Schüsselende. Bei Betätigung des Spülknopfes lief Wasser im Schüsselinneren hinunter, das Gummiplateau öffnete sich nach unten und die Essens-, Darmzell- und Bakterienreste plumpsten auf die Fahrstrecke. Zu meinem damaligen Erstaunen konnte man das vorbeihuschende Gleisbett durch das Toilettenfallrohr sehen. Die WCs sollten nicht beim Halt am Bahnhof benutzt werden, weil sich die Notdurften sonst zwischen den Bahnhofsgleisen gehäuft hätten.

Untersuchungen zeigten, dass diese Bahnklos nicht sehr hygienisch waren, wie der "Spiegel" 1986 beklagte. Zudem wurden allerhand andere Dinge entsorgt, wie z.B. Schnapsflaschen, Strumpfhosen, Bierdosen, Armbanduhren oder ganze Herrenanzüge.[99] Darüber hinaus brachte die Schnelligkeit (der Züge, nicht des Ausscheidens) ein weiteres Problem, denn seit den neunziger

Jahren fuhren die Bahnen mit mehr als 200 Kilometern pro Stunde. Dadurch entstand die Gefahr, dass bei Tunneldurchquerungen Druckstöße dafür sorgten, dass sich die Bewegungsrichtung im Plumpsklo umkehrte – dies hätte dazu geführt, dass dem Reisenden großflächig anhaftete, was er loszuwerden gedachte.[100]

Mit den braunen Massen aus den rollenden Plumpsklos beschäftigte sich 1995 das Oberlandesgericht Schleswig-Holstein: Ein Antiquitätenhändler klagte gegen die Deutsche Bahn AG. Seine Wohnung und sein Gewerbegrundstück lagen neben der Eisenbahnbrücke bei Hochdonn am Nord-Ostsee-Kanal – und es regnete nicht nur *gelegentlich* Fäkalien, "sondern über das ganze Jahr hinweg an vielen Tagen und während der Hauptreisezeit im Sommer so häufig, dass sich damit Eimer füllen lassen"[101].

Das Gericht entschied, dass die Deutsche Bahn innerhalb von fünf Jahren Maßnahmen zur Verhinderung ergreifen musste. Die Bahn verpflichtete sich darauf, alle Reisezugwagen mit geschlossenen Toilettensystemen auszustatten: der Siegeszug der Vakuumtoiletten begann. Neun Jahre später fuhren allerdings immer noch 26 % der Waggons mit den rückständigen Fallrohrtoiletten, was bedeutete, dass täglich rund 3.000 Eisenbahnwaggons die Gleise mit Exkrementen beglückten.[102] Und die Hygiene der Zugtoiletten ließ weiterhin zu wünschen übrig, wie die TV-Sendung "Report München" 2004 berichtete: In Proben von 38 mobilen Toiletten der Deutschen Bahn konnte Dr. Gero Beckmann vom Labor L+S AG ein buntes Kollektiv an Keimen nachweisen: Salmonellen, Eitererreger und Darmbakterien auf Toilettenbrille, Waschbecken oder Toilettenpapierhalterung. Er folgerte aus diesen Ergebnissen, dass der Bahnfahrer bei der Benutzung dieser Toiletten "ein gewisses Risiko eingeht, dort eine Infektion zu erleiden"[103]. Aktuellere Daten zur Erregerbelastung sind nur ansatzweise bekannt (s. Seite 101).

Die Vakuumtoiletten entsorgen die Fäkalien nicht mit Schwerkraft oder Wasserstrom, sondern mittels Unterdruck und Wasser in ein geschlossenes System. Die Toilettenschüssel besitzt eine kleine Öffnung, die mit einem Absaugventil verschlossen ist. Bei Betätigung des Spülknopfes rauscht zunächst Wasser in die Schüssel. Kurz darauf öffnet sich das Absaugventil mit einem lauten Schlürfen und zieht die braungelbe Hinterlassenschaft ein. Wer – wie ich – jahrelang die Fallrohrtechnik auf Bahntoiletten gewohnt war und dann zum ersten Mal von der Vakuumtoilette verwöhnt wurde, betätigt den Spülknopf gewiss zum zweiten Mal, um dieses Meisterwerk der deutschen Ingenieurskunst zu bewundern.

Das Abwasser wird in Tanks gesammelt, die regelmäßig geleert werden müssen. Böse Zungen mögen behaupten, dass die vollen Tanks beim Entladen gelegentlich mit den Behältern für das Kaffeemaschinenwasser des Bordbistros verwechselt werden.

Um Schwarzfahrer und den Bordabort ranken sich übrigens viele mysteriöse Geschichten, aber auch Witze, z.B. dieser heitere Schwank:

Eine Frauengruppe und eine Männergruppe fahren mit der Bahn. Jeder Mann besitzt eine Fahrkarte, die Frauen haben aber nur eine gelöst.

Kurz bevor sich der Zugbegleiter nähert, springen die Frauen auf und zwängen sich in die Toilette. Der Zugbegleiter klopft an die Toilettentür und ruft: "Die Fahrkarte bitte!" Die Frauen schieben die Karte unter der Tür durch und der Kontrolleur zieht zufrieden ab.

Die Männer beobachten das Spektakel und beschließen, denselben Trick auf der Rückfahrt anzuwenden.

Jetzt haben die Männer nur eine Karte für alle. Die Frauen haben aber gar keine Karte. Als sich der Schaffner nähert, schließen sich die Männer in der Toilette ein. Die Frauen-Gruppe nimmt darauf den Weg zur Toilette. Im Vorübergehen klopft die letzte Frau bei den Männern an: "Die Fahrkarte bitte!"

Die Bordtoilette ist nicht nur bei Schwarzfahrern ein beliebter Ort, sondern auch in Filmen: Aus diesem furzweiligen Hort entwischen regelmäßig Gefangene, Agenten oder Außerirdische, meist über den Ausstiegsschacht an der Decke. In dem Thriller "Ripley's Game" von 2002 werden gleich drei Gangster in der Bahntoilette eines ICs erdrosselt und gestapelt. Tom Ripley (eiskalt gespielt von John Malkovich) reinigt die Hände vom Blut und kommentiert abwertend: "So voll war's früher in der 1. Klasse nie."

Im wirklichen Leben benutzten Spione das Klosett auf Schienen als toten Briefkasten. Der BND-Hauptmann Alfred Spuhler arbeitete bis 1989 als Doppelagent für die Stasi. Was er aus dem BND-Gelände an Dokumenten herausschleppte, lichtete sein Bruder

Ludwig nächtens ab. Einen Teil der Filme holte ein Stasi-Kurier ab, einen anderen brachte Ludwig via Bahntoilette von Wien aus auf den Weg in den Osten.[104]

Von strangulierten Kriminellen, toten Briefkästen und grenzwertiger Hygiene abgesehen: Ich bin froh – nein, sogar echt erleichtert, dass es eine Bordtoilette gibt, wenn Blase oder Darm dringenden Handlungsbedarf melden. Man hat sogar rechtlichen Anspruch auf das laute Stille Örtchen. Ein Gericht sprach einem Bahnreisenden 300 Euro Schadensersatz zu, weil ein ICE im Sommer 2000 nur *eine* funktionierende Toilette bereitgestellt hatte.[105] Es wurde argumentiert, dass das körperliche Wohlbefinden des Reisenden beeinträchtigt worden sei, weil er zwei Stunden lang seinem Bedürfnis nicht nachkommen konnte. In meinen Augen hat dieser Mensch auf Rechtswegen Sch****e zu Geld gemacht.

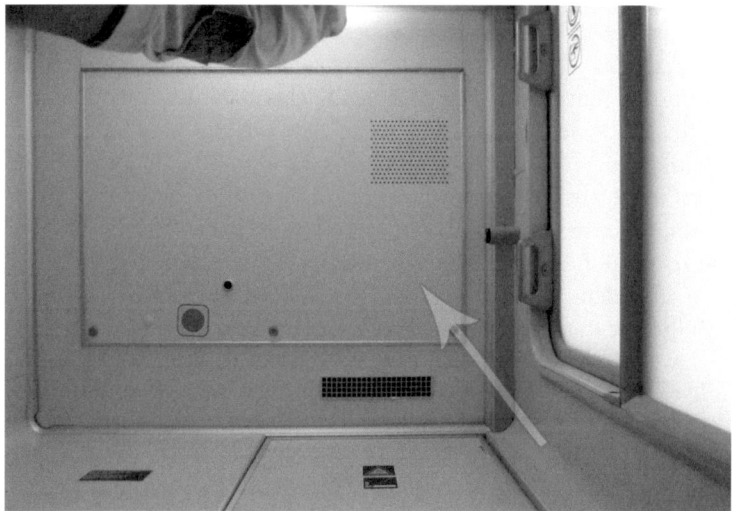

Der Ausstiegsschacht an der Decke der Bordtoilette eines ICs (siehe Pfeil) oder Zugang zur geheimen Kommandozentrale des Klo-Klux-Klans?[106]

Genuss in vollen Zügen

Coffee and Cigarettes

Für die morgendliche Routine daheim bevorzuge ich ostfriesischen Bünting-Tee zum Frühstück, den Geschmack meiner Heimat. Somit habe ich während der Bahnfahrt zum Büro noch keinen Kaffee intus, liebe aber den Geruch des frisch gebrühten Wachmachers, wenn sich andere Fahrgäste den Koffeinkick geben, um ihre vom Schlaf verklebten Hirnwindungen und Augen zu befreien. Nach absolvierter Bahnfahrt und einem kleinen Fußmarsch gönne ich mir dann im Büro die heiß ersehnte Tasse, um die Lebensgeisterneuronen zu wecken. Netterweise sponsert mein Arbeitgeber den heißen Aufguss mit der gesellschaftlich akzeptierten Leistungsdroge Koffein.

Der Kaffeegeruch in Bahnhof und Bahn ist an sich kein Ärgernis, wohl aber der Müll, der nach dem Genuss des Muntermachers zurückbleibt. Die leeren Schnabeltassen der Wegwerfgesellschaft bleiben in der Bahn stehen, weil sie oft nicht von den Konsumenten entsorgt werden, z. B. in den Verpackungsmülleimer, wie es die Welt von ordentlichen Deutschen erwartet. Zwar bin ich nicht so penibel auf Sauberkeit bedacht wie vorherige Generationen, aber seinen Müll irgendwo herumliegen lassen und das Wegräumen den unterbezahlten Reinigungsdiensten zu überlassen, ist nicht die feine berufspendlerische Art. Ob die Deutschen einen Beitrag zum Klimaschutz leisten, weil sie Verpackungsmüll wie leere Kaffeebecher getrennt sammeln und wiederverwerten lassen, steht auf einem anderen Blatt[*]. Der ach so lustige Aufdruck "heiß begehrt" auf Berliner Einwegtassen gilt aber auf jeden Fall nicht nur für den kaffeetrinkenden Berufsmenschen, nein auch die Mülltonne mit dem gelben Tütchen sollte bedient werden.

Etwas bemitleidenswert sind sie schon, die hageren Gestalten, die morgens am Bahnsteig an ihrem Kaffeebecher lutschen und in der anderen Hand eine Zigarette halten. Das Phänomen 'Kaffee und Zigaretten' ist eine beliebte Kombination legaler Genussmittel. Zu dieser Einsicht kam ich durch den Episodenfilm "Coffee

---

[*] Bitte dieses "andere Blatt" nach Gebrauch in den gekennzeichneten Altpapiermülleimer auf den Bahnsteigen werfen.

and Cigarettes" des unvergleichlichen Jim Jarmusch: Dort führen illustre Persönlichkeiten (Tom Waits, Iggy Popp, Bill Murray, Cate Blanchett, ...) kuriose Gespräche bei den besagten "Coffee and Cigarettes".

Grundsätzlich befeuert dieses Ritual die zwischenmenschliche Kommunikation. Das ist der positive Aspekt dieser beliebten Genussmittelkombination. Negativ und ärgerlich ist eher die Komponente des Zigarettenqualms, wenn dieser früh morgens am Bahnsteig in meine Nase kriecht.

Auf Bahnhöfen sowie in der Bahn darf nicht geraucht werden, was auch die allermeisten Reisenden respektieren. Nur selten habe ich Spaßvögel erlebt – dann natürlich mit den Eigenschaften 'männlich, jung, vergnügungssüchtig' – die ihre Zigarettchen im Zug rauchen.

Etwas mitleidig beobachte ich die Raucher auf den Bahnhöfen der Deutschen Bahn: Dort stehen die Nikotin-Junkies dicht beisammen in den gelbumrandeten Zonen und dürfen nur in diesem engumgrenzten Bereich ihrer Tabakleidenschaft frönen. In der Mitte der Zone befindet sich ein kleines Tischchen mit einer stinkenden Suchturne, aus der sich noch der Qualm untoter Kippen schlängelt.

Die Stigmatisierung des Rauchers in unserer Gesellschaft wird durch so manche militante Nichtraucher angeheizt, worunter leider auch Qualmer mit Manieren zu leiden haben (ja, die gibt es, und sie sind in der Überzahl). Doch so manche Tabaknuckler haben es aufgrund ihres unzüchtigen Verhaltens nicht besser verdient. Ihre schlechte Kinderstube beweisen sie mit den Stummelmassengräbern im Gleisbett von oberirdischen Bahnhöfen.

Eine Bahn voller Flaschen

Morgens begegnet man selten einem Mitreisenden mit Alkohol in Flasche oder Atem. Nur gelegentlich findet sich um diese Zeit ein Schichtarbeiter mit seinem Feierabend-Bierchen (Schichtarbeit war schon immer paradox).

Mathematisch ließe sich die Bahn-Bierflaschen-Dichte errechnen, indem die Anzahl Reisender pro Waggon durch die Anzahl geöffneter Pullen geteilt wird. Leider kam ich nie dazu, diese Dichte genau zu ermitteln, weil ich mich stets beim Zählen aller Reisenden verhedderte. Daher benutzte ich lieber die 'gefühlte

Bierflaschendichte' als weiches Messkriterium: gucken und schätzen statt zählen. Dabei machte ich die eben schon angeführte Beobachtung, dass die Bierflaschendichte beim feierabendlichen Verkehr höher ist als morgens. Dies ist keine *bahn*brechende Erkenntnis, muss aber mal so festgehalten werden.

Zum beruflichen Feierabend entspannen sich gelegentlich fleißige Handwerker, aber auch Bürohengste mit dem Gerstensaft. Doch ihr Maximum erreicht die Berliner Bierflaschendichte an den Abenden des Wochenendes: Dann picheln nicht nur die Herren der Wertschöpfung, sondern es glühen auch die Damen ganz gerne auf den Weg zur 'Disco-Piste' vor.

Unangenehm wird Alkohol für die Fahrgäste, wenn die angetrunkenen 'Herren' - ja, es sind fast immer Männer – anfangen, lauter zu werden, zu kleckern und zu pöbeln; alles Verhaltensweisen, die Schatzi in den eigenen vier Wänden verbietet oder Mami daheim mit Stubenarrest ahndet. Die unerwünschten Nebenwirkungen des Alkoholkonsums sind auch bei feierwütigen Fußballfans zu beobachten (s. Seite 135).

Solange keiner zu Schaden kommt, ist es eine Errungenschaft der toleranten Gesellschaft, dass Alkohol öffentlich in Maßen konsumiert werden darf und nicht strikt verboten ist. Dieser Meinung sind aber nicht alle: In Hamburger Bussen, Bahnen und Bahnhöfen ist seit Herbst 2011 das Alkoholtrinken verboten, ähnlich dem Zigarettenrauchen. Wird man mit geöffneter Bierflasche erwischt, sind 40 Euro Strafe fällig.

Essen auf Rädern

Manchmal wird die S-Bahn zur Ess-Bahn: Der hungrige Fahrgast nimmt keine Rücksicht auf seine Mitreisenden und stopft während der Fahrt in sich hinein, was die Fastfood-Industrie am Gleisrand hergibt. Der Akt der Speiseaufnahme ist meist nur eine kurze Affäre, aber der Geruch verbleibt länger im Waggon. Dauerhaft zurück bleibt Müll.

Hamburger und Döner werden gewöhnlich von der jugendlichen Fraktion verzehrt, Bratwurstbrötchen oder selbstgeschmierte Brote (im Volksmund auch Stullen oder Fettbemmen) von der älteren Abteilung. Zeitlich knappe Gesellen vernaschen gerne süßes Gebäck aus monopolartigen Großbäckereien. Manchmal verschmausen hungrige Bahn-Mägen auch gebratene Nudeln mit Spuren von Gemüse im lackierten Pappkarton, die in Treckerreifen-großen Woks angeschmort wurden. Nur selten werden 'Berater-Pommes' (Sushi) in der Bahn verzehrt. Intelligenterweise essen die Freunde der asiatischen Küche ihre Mahlzeiten nicht mit Stäbchen, denn diese könnten beim Bremsen dem Wort 'spießig' eine schmerzhafte Bedeutung verleihen.

"Der Verzehr von mitgebrachten Speisen", wie es im Gaststättendeutsch gerne heißt, bringt allerlei Unheil mit sich: Neben Nahrungsduft gehören auch -zufuhr und -abfall zu den begleitenden, essenstechnischen Ärgernissen, denen der Bahnreisende ausgeliefert ist:

Nahrungsduft: Die Versuchung für Reisende ist groß, denn an Bahnhöfen verleitet der Duft von Bratwurstständen den überarbeiteten Pendler leicht zum Kauf des feingekutterten Bräts. Gibt er sich der Verlockung hin und erwirbt den Brei im Kunstdarm, so kaut er kurz darauf an den gebratenen zwanzig Zentimetern im Waggon. Der Bahnraum wird dadurch mit dem zauberhaften, aber auch penetranten Duft der Wurst durchsättigt. Mich erinnert das Bratwurst-Bukett immer an kindliche Kirmesfreuden. Der großartige Schriftsteller Marcel Proust verehrte in seinem Roman "Auf der Suche nach der verlorenen Zeit" das Gebäck Madeleine, dessen Duft ihn in seine Kindheit zurückkatapultierte. Würde ein Marcel Proust aus Thüringen in der Bahn des 21. Jahrhunderts dem Duft einer Thüringer Bratwurst wohl ebenso huldigen? Ein ganz klares Ja!

Das Öffnen der appetitlich-braunen, knisternden McDonalds-Papiertüte befruchtet den Waggon augenblicklich mit dem charakteristischen Duft des gelben 'M'. Auch ein Döner drückt dem Bahnraum sein zwiebeliges Aroma auf, dem die Fahrgäste ausgeliefert sind. Zu Recht bejubelt deshalb das Satiremagazin "Der Kojote" einen (fiktiven) Berliner S-Bahn-Stammkunden, weil er Döner von 50 Imbissbuden am Geruch unterscheiden kann.[107]

Nahrungsduft ist erträglich für satte Mitreisende, unerträglich für hungrige Mägen: Das Bestimmungsbuch für Bahnreisende empfiehlt bei penetrantem Speisegeruch im Nahverkehrszug das Öffnen des Fensters; in ICEs stehen ja für diesen Fall rote Hämmer zur Verfügung.[108]

Nahrungszufuhr: Wenn es ums Essen geht, wird auch jeder halbwegs zivilisierte Mensch zum mampfenden, selbsterhaltungsgetriebenen Tier. Die Nahrung wird mit den Zähnen in kleine Happen zerrissen, im Mund durch Speichel angefeuchtet und dabei zerkleinert. Dieser Vorgang sieht nicht ästhetisch aus, ist aber lebensnotwendig. Beim Nagen an einer Stulle hält sich dieses Naturschauspiel noch in Grenzen. Beim schmatzenden Verzehr eines Döners, dessen Knoblauchsauce den Mundsaum des Speisenden verziert, ist der Anblick grenzwertig. Ähnlich empfand auch Armin Thiel, als er zynisch einen Croissant-knabbernden Mann in der Bahn beobachtete: "Den akkurat geschnittenen Schnauzer des Krümelmonsters zieren ebenfalls einige Krümel, die sich bei jeder Kaubewegung durch das dichte Gestrüpp hangeln."[109]

Nahrungsabfall: Wo gehobelt wird, da fallen Späne, und wo gegessen wird, gibt's Abfall. Wer jemals einen Döner verspeist hat, ohne zu kleckern, dem kann ich nur großen Respekt zollen. Freunde des gefüllten Fladenbrots hinterlassen häufig Überreste von Dönerzutaten auf dem Boden, im Bahnhof wie auch im Zug. Als eigentlicher Müll bleibt allerdings nur die Papierhülle des Pidebrots übrig; beim Take-away-Döner noch die Aluminium-Folie. Der Abfall von mitgebrachten McDonalds-Nahrungseinheiten ist in der Regel voluminöser, denn die kleinen Portiönchen an Pommes, Chicken Nuggets und Hamburgern werden separat verpackt und in einer Papiertüte gestapelt. Unschön, wenn die braune Tüte auf dem Sitz in Bahn oder Bahnhof zurückbleibt, darin Reste eines kurzweiligen Vergnügens. Zertretene Pommes mit Ketchup oder Mayonnaise verschönern das Waggon-Ambiente auch nicht. Liebhaber der eigens zubereiteten Stulle vergessen leider manchmal die Entsorgung des Butterbrotpapiers oder der – häufig üppig verwendeten – Aluminiumverkleidung.

Die BVG, Schwester der S-Bahn Berlin, wirbt für Anstand in ihrer Kampagne "Betty bittet um mehr gegenseitige Rücksicht" seit 2008 in der U-Bahn, beispielsweise mit: "Bitte nicht im Fahrzeug essen. Danke." Das Unternehmen findet solche Hinweise besser, als die Fahrgäste durch Verschärfung der Beförderungsbestimmungen zu maßregeln.[110] Es wäre ja noch schöner, wenn der Verzehr eines Kalbfleischknoppers in der Bahn mit dem Döner-Dollar geahndet würde.

Elektromagnetische Ärgernisse:
Strahlende Gegenwart

Strahlung bezeichnet in der Physik die Ausbreitung von Teilchen oder Wellen. Bei 'Ausbreitung von Teilchen' denke ich zwar in erste Linie an den Straßenverkauf von süßem Gebäck, denn dieses nennt der Volksmund im Rheinland 'Teilchen'*. Mit 'Ausbreitung von Wellen' assoziiere ich auch einen Schwimmbad- oder Friseurbesuch. Doch dieses Kapitel beschäftigt sich nicht mit

---

* Die Vielfalt und Bezeichnung von 'Kuchen und Gebäck' ist groß, mit regionalen Unterschieden (Bonn: Teilchen; Frankfurt a. M.: Stückchen). Eine Lebensmitteltabelle (www.lebensmittel-tabelle.de) listet 106 Einträge zu dieser Nahrungsgruppe auf, darunter allerlei Varianten mit Teilchen, Stückchen, Plunder etc.

Bäckern, Bademeistern oder Barbieren, sondern mit den elektromagnetischen Wellen.

Unter Elektrosmog sind verschiedene elektrische, magnetische und elektromagnetische Felder zu verstehen, die schädliche Auswirkungen auf die Gesundheit haben (können). Der Begriff ist allerdings ein bisschen irreführend, weil sich 'Smog' aus den englischen Wörtern 'smoke' (Rauch) und 'fog' (Nebel) zusammensetzt und eher eine gesundheitsschädliche Luftverschmutzung als die unerwünschte Abstrahlung von technischen Geräten bezeichnet.

Die ersten sinnlich-wahrnehmbaren Erfahrungen mit Elektrosmog hatte ich beim Bahnfahren mit einem Walkman*: Jedes Mal beim Anfahren der S-Bahn machten sich die elektromagnetischen Wellen auf den Weg in den Kopfhörer und schüttelten dessen Membran so heftig durch, dass ich ein dröhnendes Summen hörte. Ein ähnlicher Effekt lässt sich heutzutage beobachten, wenn ein Mobiltelefon Signale aussendet, während es neben einem Lautsprecher liegt: detditdit – detditdit – detditdit.

Jedenfalls war mir seit diesen Erlebnissen klar, dass es beim Bahnfahren etwas umsonst gibt: Strahlung in verschiedenen Geschmacksrichtungen!

Nun könnte ich durchaus mit diesem Strahlenmonster namens Bahn leben und die Strahlenbelastung als Berufspendlerrisiko verbuchen, wären da nicht noch zusätzlich die verspielten und gelangweilten Mitreisenden mit ihren Miniatur-Strahlenschleudern: Mobiltelefone, MP3-Player, tragbare Spielkonsolen (Nintendo DS, PlayStation Portable etc.), Laptops. Diese Geräte senden ihre Wellen in alle Richtungen durch den Äther, dringen in unsere Körperzellen ein und kitzeln unsere Erbsubstanz DNA. Bei diesem molekularen Gezappel könnte schon mal etwas schiefgehen. Das Unheil nimmt dann mit der Entartung einer einzigen Zelle seinen Lauf und endet schlimmstenfalls in einer Chemotherapie mit Glatze, Augenringen und unterschiedlichen Arztmeinungen: Krebs.

---

* Für alle nach 1980 Geborenen: Der 'Walkman' war ein kleines, tragbares Abspielgerät für Tonkassetten mit Kopfhörer. Diese Vorrichtung war ein Vorläufer des MP3-Players, ein Old-School-iPod.

Die schädlichen Auswirkungen von elektromagnetischen Wellen werden zwischen militanten Technik-Gegnern und korrumpierenden Lobbyisten kontrovers diskutiert. Studien, die Zusammenhänge zwischen Strahlung und Gesundheit zeigten, hatten Mängel in Methodik oder Reproduzierbarkeit, wie das Bundesamt für Strahlenschutz feststellte.[111] So bin ich vorsichtig und schreie – trotz meiner Liebe zur Technik – nicht immer Hurra, wenn neues elektronisches Männerspielzeug oder taufrische kabellose Übertragungsstandards mit noch höherer Leistung den Markt erobern. Scotty, don't beam me up!

Klimatische Ärgernisse: Gefühlte Kälte

In diesem Kapitel geht es heiß her, wenn dem Ärger über Kälte und Hitze endlich Luft gemacht wird.

Eigentlich ist Kälte nichts anderes als die Abwesenheit von Wärme, nämlich das Fehlen von Wärmestrahlung. Bei dieser Strahlung handelt es sich um ein elektromagnetisches Phänomen, das für den Menschen erst wahrnehmbar wird, wenn er sich z.B. in die pralle Sonne begibt oder sich am Lagerfeuer wärmt. Dann regen die elektromagnetischen Wellen von Sonne oder Feuer die Moleküle – z.B. in der Haut – zum Schwingen an. So viel zur physikalischen Seite des Frierens. Was die emotionale Seite betrifft, lesen Sie auf den folgenden Seiten.

Der Letzte zischt die Tür zu

Besonders in den sehr frostigen Phasen des Winters suche ich immer eine schöne Sitzecke nahe der S-Bahn-Heizung auf. Ich maximiere den Abstand zur nächsten Tür, weil sich bei jedem Halt die Tür öffnet und kühle Luft das Reiseklima vereist. Und da beginnt schon das Problem mit den Mitreisenden, deren Manieren bei dieser kalten Witterung gleichfalls einzufrieren scheinen. Das Ganze läuft in der Regel folgendermaßen ab: Nach Einstieg an 'meinem' S-Bahnhof hocke ich zufrieden auf dem Sitz, darunter bollert die Heizung und wärmt meine Hacken. Von den lästigen Handschuhen und dem muffigen Schal habe ich mich gerade befreit, das lächerliche Bommelmützchen abgesetzt und den

Reißverschluss der Winterjacke um ein paar Zähnchen gelockert. Da geht die Tür mit dem typischen gelangweilten Zischen auf, der ungehobelte Mitreisende stampft herein und mit ihm Väterchen Frost. Und anstatt die Tür hinter sich zu schließen, schlurft der unselige Fahrgast teilnahmslos weiter bis zu einem Sitzplatz, setzt sich nieder und ist weiterhin mit sich beschäftigt. Ich warte vergebens auf das erlösende Zischen der schließenden Türen. Genervt springe ich auf, gehe zur Tür, werfe dem Mitreisendem einen bohrenden Blick zu und knüppele grimmig auf den Knopf, worauf sich die 'Schotten schließen'. Glücklicherweise bin ich mit meiner Türschließwut nicht alleine; auch viele andere Fahrgäste bevorzugen eine geschlossene Tür im Winter und bedanken sich für die Geste mit wohlwollendem Lächeln.

Den Tür-Ignoranten sind die bereits im Zug sitzenden Mitreisenden egal. Letztere frieren, weil sie die Kälte deutlicher wahrnehmen als hereinkommende Neu-Fahrgäste.

Frieren kommt zustande, wenn die Hauttemperatur an bestimmten Stellen des Körpers weit genug unter die als angenehm empfundene Solltemperatur fällt. Physikalischer Grund dafür ist Wärmeentzug durch die Umgebung, denn Wärmeleitung erfolgt immer von warm nach kalt.

Dieses Phänomen hat zwei Ursachen: Erstens entzieht die dauernde Luftumwälzung der wohltemperierten Körperlufthülle ständig Wärme. Dies geschieht besonders effektiv, wenn die Tür offen bleibt. Zweitens verdunstet andauernd flüssiger Schweiß auf der Haut und kühlt den Körper durch die Verdunstungskälte ab.

Noch ein weiterer Grund lässt den Bahnreisenden schneller frieren: Er sitzt und bewegt sich nicht. Seine Muskeln erzeugen dabei keine Extra-Portion Wärme. Damit fangen sie erst an, wenn es sehr kalt wird: Der Reisende beginnt zu zittern.

Für jeden Kubikzentimeter warmer Luft, der aus dem Bahnwagen entweicht, muss Energie aufgewendet werden, die vom Bahnunternehmen und letztlich vom Bahnreisenden bezahlt werden muss. Die Energieverschwendung aufgrund von offenen Türen hat die S-Bahn Berlin mittlerweile erkannt, weshalb neben jeder Tür der Aufkleber prangt: "An kalten Tagen bitte Tür schließen."

Doch nicht den Mut verlieren, denn viele Mitreisende schließen die Tür tatsächlich hinter sich. Bleibt zu hoffen, dass die verbleibenden Nicht-Tür-Schließer in finanzielle Leibeigenschaft von Gazprom übergehen werden, weil sie ihre eigene Haustüren auch nicht zumachen.

Die Leiden des jungen Winters

So schön der Anblick einer reinen, unschuldigen Schneedecke im Winter auch ist: das Gemisch aus Schnee plus Dreck auf Bahn und Gehweg holt mich schnell wieder auf den Boden der Tatsachen zurück. Denn kaum beglücken erste Flocken die Gehwege, schleppen die Schuhe der Fahrgäste auch schon Matsch in die Bahn. Too Matsch! Der Fußboden wird dadurch schmutzig und rutschig – unansehnlich. Darüber hinaus gibt es Unmengen kleiner blinder Passagiere: Die Steinchen des Splits beißen sich im Schuhsohlenprofil fest und hoffen im Bahnwagen auf eine Reise in ein womöglich besseres Land.

Zwar bin ich dafür, dass die Sitzplätze in der Bahn für Menschen und nicht für deren Taschen genutzt werden (s. Seite 47), aber in dieser matschigen Situation kann ich Verständnis dafür aufbringen, wenn die Fahrgäste ihre Taschen nicht auf den schmutzigen Boden absetzen wollen. Andererseits stellt sich auch hier die Frage: Wer hat mehr Anrecht auf den freien Sitzplatz – die Tasche oder der zugestiegene Fahrgast?

Doch zum Glück gibt es die fleißigen Helferlein vom Reinigungspersonal. Sie sorgen dafür, dass die Bahnen nach Pausen an Endstationen sowie am nächsten Morgen wieder sauber sind. Dann können die Horden der Berufspendler erneut einfallen und dabei Dreck und schlechte Laune in die Bahn tragen. Der schmutzige Zyklus beginnt von Neuem.

Aber ist es im Grunde nicht schön, im Winter ein Berufspendler im öffentlichen Nahverkehr zu sein? Ich würde noch mehr leiden, müsste ich montagmorgens bei frostigen Temperaturen die Autoscheiben freikratzen und im noch kalten Auto zur Arbeit losfahren, die Hände an das eiskalte Lenkrad gefesselt. Dreck in der Fahrgastzelle, beschlagene Scheiben, lästiges Stop-and-Go, Rutschpartien, Staus, abgedroschene 80er-Jahre-Hits im Radio und steigende Benzinpreise erhöhen nicht gerade die Freude am Fahren. Doch jeder ist seines Glückes Schmied: Viele jammernde

Autofahrer könnten sicherlich auf öffentliche Verkehrsmittel umsteigen und Mitreisende werden. Aber bitte Türen schließen!

Die Nutzung der öffentlichen Verkehrsmittel im Winter birgt allerdings noch eine Gemeinheit, die der Autofahrer nicht erleiden muss: das Umsteigen. Vor allem in der kalten Jahreszeit ist das Warten auf den nächsten Anschlusszug oder auf den Bus eine Qual, denn aus unerklärlichen Gründen ist es auf oberirdischen Bahnhöfen und an Bushaltestellen immer sehr windig. Zudem steht der Wartende nur dumm herum, guckt sehnsüchtig in den Schienenfluchtpunkt, auf dass ein Vehikel am Horizont erscheine. Hinsetzen ist bei tiefen Temperaturen noch ungemütlicher als sonst, weil es an vielen Bahnhöfen nur die fiesen Drahtsitze gibt, die den Wartenden beim Sitzen schonend einfrieren.

Vom Lüften und Lüften lassen: Die Zugluft

Neben Frost, Schnee und Kälte können auch sommerliche Temperaturen Ärgernisse mit sich bringen. An heißen Tagen öffnet der Reisende gerne das Bahnfenster (wenn technisch noch möglich), damit die Zugluft das erhitzte Gemüt kühlen kann.

Paradoxerweise spürt man *Zug*luft auch in Autos. Die Zugluftkühlung geschieht aufgrund der oben beschriebenen Wärmeleitung, Luftumwälzung und Verdunstungskälte (s. Seite 96). Bei Zugluft kommt aber noch ein weiterer Effekt hinzu: In einem warmen Raum kondensiert das Wasser in der Luft durch den kalten Luftstrom, wodurch sich winzige Wassertröpfchen auf der Haut absetzen. Der Körper überträgt seine Wärme auf die Tröpfchen, und so entsteht die Kühlungswirkung.

Zugluft ist ein Segen bei heißen Temperaturen, aber weniger erwünscht bei milder Witterung. Zudem wird es im Waggon durch das gekippte Fenster auch lauter. Alle externen Geräusche der Bahn, z.B. grelles Quietschen in den Kurven, dringen durch den Spalt ein und quälen das Trommelfell der Mitreisenden.

Doch jeder Fahrgast hat seine Vorlieben: So bevorzugt der eine Zugluft mit Lärm, aber ohne Gestank und Hitze. Der andere hingegen erduldet lieber Gestank und Hitze, um nicht zu frösteln und keinen Lärm ertragen zu müssen; gemäß dem Motto meiner Schwiegermutter: "Es sind schon viele erfroren, aber noch keiner erstunken."

Ich persönlich sorge mich weniger um Gerüche, wie das bereits berichtete Erlebnis vom nackten Schweißfuß zeigt (s. Seite 77), sondern eher um Lärm und kalte Zugluft. Bei militanten Zuglüftern, die bei jeglicher Temperatur oberhalb von +10 °C das Bahnfenster panisch aufreißen, versuche ich, diplomatisch entgegenzusteuern ("Könnten Sie vielleicht eventuell – und nur wenn es Ihnen wirklich nichts ausmacht – das Fenster wieder zumachen, weil es so laut hier drin ist. Und soooo warm ist es doch nicht, oder …?"). Das scheitert gelegentlich an der Sturheit der Leute. Diese abgehärteten Spezialisten schlafen wahrscheinlich auch bei sibirischen -20 °C mit offenem Fenster.

Ohnehin ist das Kippen von Fenstern in vielen Fern- und Regionalzügen nicht mehr möglich, sondern nur noch bei älteren Wagenmodellen und in manchen S- oder U-Bahnen. In modernen Zügen ist der Reisende der Klimaanlage ausgeliefert.

Klimakammer

Mit der Einführung des IC-Zuges der Deutschen Bahn (damals: Bundesbahn) erfuhr der Reisende eine neue Dimension des Fröstelns, denn in dessen Großraumwagen schwang nun die Klimaanlage das Zepter über die Temperaturkontrolle. Die Fahrgäste konnten ihre Umgebungstemperatur nicht mehr selbst regulieren, sondern waren Gesetzmäßigkeiten von Zugführervorlieben und Klimaanlageneinstellungen ausgeliefert.

Unabhängig davon, wie warm oder kalt es draußen war, im IC herrschte immer eine zu kühle Temperatur. Den Fensterplatz hatte ich deswegen immer gemieden, weil sich dort frostige Schlitze befanden, aus denen die kalte Luft unerbittlich pustete. Des Öfteren fragte ich den Zugführer, ob er die Temperatur nicht um ein oder zwei Grad Celsius anheben könne. Aber dies wurde mit fadenscheinigen Gründen abgelehnt, obwohl sich zwischen den Bahnwaggons verglaste Schaltkästen mit bunten Knöpfen und Drehreglern zur Raumtemperatureinstellung anboten.

Nach Fahrten im IC bekam ich regelmäßig einen Schnupfen, weshalb ich langärmlige Oberbekleidung zur Mindestausstattung bei solchen Reisen erhob. Leider half dies nicht immer. Es ist mir heute noch unklar, ob mein Schnupfen nur von den arktischen

Temperaturen im Großraumwagen herrührte oder auch von den Erkältungskeimen, die die Klimaanlagen zugweit verteilten.

Das andere Extrem, die unerwünschte Hitze im Waggon, ist auch gelegentlicher Begleiter des Bahnreisenden. Kaum kitzelt die Quecksilbersäule die 10°C-Grenze, schlägt dem Fernbahn-Reisenden eine tropische Wärme entgegen. Die Heizung gibt "alles, was drin ist", als hätte es der KaLeun aus dem Film "Das Boot" so befohlen.

Der Wärme-Effekt verstärkt sich, wenn es draußen friert und dicke Winterkleidung notwendig wird. Ganz benebelt von der Hitze im Großraumabteil, nehme ich dann den Zugbegleiter als Beduinen wahr; der vorbeihuschende Snack-Express schimmert wie eine Fata Morgana. Hält die eiserne Bahn-Karawane an einer Oase, steigen weitere dickfellige Kamele zu. Geschichtenerzähler aus Einem und Tausend Nachtzügen berichten von unerfahrenen Touristen, die im Hitzewahn in einen ICE stiegen, in der Hoffnung, dort erfrischendes, englisches Eis (= ice) vorzufinden.

Fällt die Klimaanlage im Sommer aus, kann es lebensbedrohlich werden, wie Intercity-Express-Fahrgäste im Sommer 2010 erfuhren. Es war das heißeste Wochenende des Jahres und die Klimaanlage des ICE war ausgefallen. Die Temperaturen hätten im ICE jenseits der 50 °C gelegen, berichteten Zeugen.[112] Mehrere Jugendliche dehydrierten oder bekamen einen Hitzekollaps; eine schwangere Frau versuchte, eine Scheibe einzuschlagen.

Infektiöse Ärgernisse: In der Keimbahn

Zell-Piraten bahnen sich ihren Weg

Haaatschi! Der Niesreiz kam zu plötzlich, als dass ich mein Taschentuch rechtzeitig hätte entfalten können, um die Sekret-Rakete aufzufangen und gleichzeitig gesellschaftliche Normen zu wahren. Schon machten sich Millionen von Schnupfenviren, z.B. Rhinoviren, auf die Suche nach den Nasenschleimhautrezeptoren anderer Menschen, ihren zukünftigen Wirten.

Die beliebtesten Übertragungswege von Erkältungsviren sind:[113]
In zwei Dritteln der Fälle: als Schmierinfektion über Menschen und Gegenstände, die wir anfassen. Fantastisch paranoid fotografiert im Film "Contagion" (2011).
In einem Drittel der Fälle: als Tröpfcheninfektion direkt über die Luft, sehr anschau(der)lich gezeigt im Film "Outbreak" (1995).

Das TV-Magazin "Markt" des Norddeutschen Rundfunks nahm 2011 Stichproben in Zügen der Deutschen Bahn von verschiedenen Oberflächen (Toilettenspülknöpfe, Wasserhähne, Türklinken, Festhaltegriffe, Armlehnen, Türöffner und Sitzplätze). In 50 der 70 Stichproben wurde erhebliches Wachstum von Bakterien und Keimen nachgewiesen. Frau Dr. Huggett vom Medilys Labor in Hamburg resümierte dazu: "Es gab relativ viele Bakterien, im Polsterbereich, auf Armlehnen und auch auf Sitzflächen. Das kann zu Ansteckungen führen, geraten die über die Hände an die Schleimhäute. Wenn ich sie in größerer Menge aufnehme, dann können sie mich krank machen."[114]
Keime im Nieströpfchen oder im Schmierfilm auf der Hand bleiben leicht an einer Oberfläche hängen, z.B. an einer Haltestange in der Bahn. Dort können sie ohne viel Warterei ihrer ‚Anschlussverbindung' sicher sein und landen auf der Handfläche des nächsten Fahrgasts. Nach kurzer Zeit erreichen die Viren die ersehnten Nasenschleimhautrezeptoren, denn Menschen sind so freundlich und fassen sich durchschnittlich alle zwei Minuten unbewusst an Auge und Nase[115] – den Haupteinfallstoren für die winzigen Biester.

Über eine Tauchfahrt durch den Tränennasengang wandern die Erreger vom Auge zur Nasenschleimhaut. Dort vervielfältigen sie sich, um in den nächsten Tagen weitere menschliche Wirte zu befallen.

Ob der Mensch durch die Erreger krank wird, hängt von drei Faktoren ab: erstens von der Fähigkeit des Erregers, eine Krankheit auszulösen; zweitens von der Dosis dieses Erregers; und drittens vom Zustand des Wirt-Immunsystems.

Eine unglückliche Kombination dieser drei Faktoren kam an einem bitterkalten Montagmorgen zustande: Weil ich eine Party gegeben hatte, war ich noch ein wenig geplättet vom Wochenende. Die anstrengenden Vorbereitungen, eine bunte Cocktailpalette und schlechter Schlaf dämpften mein Immunsystem. Die Winterzeit begünstigte das Aufkommen von Erkältungskeimen an Haltestangen und Türgriffen. Pech und nachlässige Handhygiene führten letztendlich dazu, dass eine ausreichende Dosis Viren meine Nasenschleimhaut erreichte. Meine verschlafenen Abwehrzellen erkannten die Gefahr zu spät und der kleine Feind machte es sich bequem, bedankte sich mit freudiger Vermehrung im feucht-warmen Terrain. Ich wurde krank, die schwarzfahrenden

Viren hatten ihr Ziel erreicht. Wie oft mir in meinem Pendlerleben so etwas wohl schon widerfahren ist?

Als ich für einige Jahre nicht mehr regelmäßig mit der S-Bahn fuhr, weil mein Arbeitsplatz wohnortnah war, reduzierte sich die Anzahl meiner jährlichen Erkältungen deutlich. Das ist kein Beweis, aber ein *Hin*weis auf das infektiöse Reservoir in den S-Bahnen sowie eine Empfehlung für die regelmäßige Desinfektion der Hände. Vielleicht sollten die Krankenkassen über entsprechende Hygienemaßnahmen in Bus und Bahn nachdenken, um die Anzahl an erkältungskranken Arbeitnehmern und damit ihre Kosten zu reduzieren.

Dramatischer könnte es für die Gesellschaft werden, wenn eine bedrohliche Grippe-Welle ausbricht. Schließlich sind sich Experten bezüglich der nächsten Grippe-Pandemie einig: "Sie kommt – die Frage ist nur, wann!"[116] Früher oder später wird sie uns ereilen, weil der internationale Flugverkehr die Viren weltweit verteilt; und auch die Bahn trägt zur Verbreitung bei.

Bei den Influenza-Pandemien der letzten Jahre – Vogelgrippe (2005/2006) und Schweinegrippe (2009/2010) – hat sich das Ausmaß in Grenzen gehalten. Bei Letzterer standen sogar in Windeseile Impfstoffe bereit, um Schlimmeres zu verhindern.

Der Kampf gegen die Influenzaviren wird andauern, und ihr Angriff kann jederzeit wieder anstehen. Wenn dieser Fall eintritt, sollten wir die Bahn meiden und so lange mit dem Auto fahren, wie es Benzinversorgung und eintretendes Chaos zulassen.

Besser Bahnen: Sag nein zum Keim

Waschen Sie nach jeder Bahnfahrt gründlich die Hände. Bei längeren Reisen – und gerade mit kleinen Kindern – sind Desinfektionstücher sehr hilfreich, um die kleinen Lebewesen abzutöten (Pilze, Bakterien und Viren, nicht die Kinder!). Fassen Sie sich vorher nicht an Mund, Nase oder Augen!
Doch verfallen Sie nicht in Panik: Mikroorganismen lauern überall, aber nur wenige Arten verursachen gleich eine Erkrankung.

Meme: kulturelle Viren

Gene sind die zentralen Einheiten des Lebens und der biologischen Evolution. Um die Weitergabe der Gene zu sichern, haben sie Lebewesen als Schutzbehälter und Vehikel entwickelt.[117] Ein 'Mem' bezeichnet etwas Ähnliches auf kultureller Ebene.

Der Begriff 'Mem' wurde von dem Evolutionsbiologen Richard Dawkins in seinem Buch "Das egoistische Gen" (1976) eingeführt und ist ein Kunstwort, dass sich vom Wort 'Mneme' (griechisch: Gedächtnis) ableitet. Ein Mem ist eine Gedankeneinheit oder ein Verhaltensmuster, das im Gehirn gespeichert wird, beispielsweise eine Idee, ein Kochrezept, eine Melodie oder ein Kleidungsstil. Sie pflanzen sich durch soziologische Kopiervorgänge fort, z.B. Nachahmung, Klatsch & Tratsch und Copy & Paste. Im Internet sind 'virale Videos' bekannte Meme, kleine Filme auf Videoportalen wie YouTube oder Vimeo, deren Bekanntheitsgrad rapide steigt und die dann von Millionen Internet-Nutzern gesehen werden.

Manche Meme können unser Gehirn wie ein Dämon befallen, z.B. die einprägsame Melodie des Ohrwurms "Cheri Cheri Lady" von Dieter Bohlens Jugendsünde "Modern Talking". Dies hat zur Folge, dass der infizierte Mensch die Melodie ständig vor sich hin singt und andere für sie begeistert bzw. mit diesem Melodie-Mem infiziert.

Meme verbreiten sich also wie kulturelle Gene und sind ebenso ansteckend wie Viren. Nur werden Sie keinen Arzt finden, der Sie aufgrund einer Mem-Infektion krankschreibt.

Für Meme ist die Bahn ein wundervoller Nährboden: Dort reisen viele gelangweilte Gehirne von Wirten, die aufnahmebereit für die Meme anderer Fahrgäste sind.

Auf folgende Kategorien von Memen kann ein Reisender in der Bahn treffen:

Mem-Kategorie	Beispiel → Typischer Wirt	Gedankengänge eines Wirts bei Aufnahme des Mems
Kleidung	Rotes, enges Kleid → Partygirl	"In dem H&M-Kleid sieht die Schnepfe gegenüber aus wie eine Presswurst, aber an meinem Körper wäre ich damit heute Abend der Star der Party! Das Kleid muss ich mir sofort kaufen!"
Schuhe	Neues Turnschuh-Modell von Nike → Jugendlicher	"Total crazy, diese Sneakers! Wenn ich die trage, kann Kevin mit seinen unkrassen Pumas einpacken."
Unterhaltungs-elektronik	Mann arbeitet am Notebook → Single	"Gute Idee mit dem Notebook: Wenn ich morgens schon meine Emails in der Bahn checke, habe ich mehr Zeit auf der Arbeit, um mit Frau L. während der Mittagspause zu flirten."
Literatur	Buch "Feuchtgebiete" (von Charlotte Roche) → Seniorin	"Ob dieses Buch wohl vom Regenwald handelt? Oder von Medikamenten, weil die Autorin wie der Pharmakonzern 'Roche' heißt? Egal, ich frage morgen mal meine Enkelin."
Musik	Bahn-Musikant singt die Schnulze "Oh Mandy" → Ehemann	"Oh Mandy, will you kiss me and hug me, lalalala, Oh Mandy, ….Ach ja: Ich sollte meiner Frau Mandy mit dieser CD und einem Blumenstrauß eine Überraschung machen … Oh Mandy, will you kiss me …"
Wort-schöpfungen	"Eh Alder, der Mann dahinten hat einen derbe dicken Weizenspoiler!" → junger Mann	"Weizenspoiler? Geile Umschreibung für einen Bierbauch! Muss ich heute mal bei meinen Kumpels bringen – wird bestimmt ein Brüller!"

Zeitliche Ärgernisse:
Die Herren von der Zeitsparkasse

Der Mensch ist ein Gewohnheitstier, so auch ich: Der Wecker erlöst mich werktags um sechs Uhr vom erholsamen Schlaf. Es folgen die morgendliche Fütterung mit Nutellastulle sowie die Reinigung von körperlichen Grenzflächen. Dann dackele ich zum Bahnhof, um an der gleichen Position auf die S-Bahn zu warten wie gestern und vorgestern und vorvorgestern. Eigentlich mein ganzes verbahntes Pendlerleben lang.

Belastungszeit

Das tägliche oder wochenendliche Pendeln ist eine Belastung für den Betroffenen (s. Seite 114). Bei mir ruft es Abneigung gegen lange Reisen aus feierlichen, privaten Anlässen hervor, weil ich dann schon wieder in diese Blechkiste eingepfercht bin und Raum überwinden muss. Die Minuten unterwegs ziehen sich dahin wie Kaugummi in Zeitlupe. Jeder weitere Halt in den Bahnhöfen von Egal-Dort, Wen-interessiert-das-Feld oder *K*rankfurt dehnt das Reisezeitkonto. Selbst wenn ich mich gut beschäftigen kann, ist nach einer gewissen Zeitspanne mein Aktivitätskonto geleert – ich möchte nur noch ankommen.

Bei längeren Fahrten ist nach vier bis sechs Stunden die Lust aufs Reisen vorbei, resümiert Angela Poppitz aus 30 Interviews mit Pendlern.[118] Forscher der Universität West of England, Bristol, haben in ihrem "Travel Time Use"-Projekt von 2007 herausgefunden, dass die letzte halbe Reisestunde die Schlimmste ist.[119] Daher ist es vorteilhaft, sich eine angenehme Aktivität als 'Joker' für den letzten zähen Abschnitt einer Bahnfahrt aufzuheben.

Dabei gäbe es für die Bahn viele Möglichkeiten, die Reisezeit der Gäste besser zu nutzen und willkommene Dienstleistungen anzubieten: z.B. mit Abteilen mit Musik und Partystimmung oder Waggons mit medizinischer Beratung.

Welche täglichen Pendelzeiten sind eigentlich zumutbar? Unsere Gesetzgeber haben eine Antwort auf diese Frage ausgeknobelt: Demnach kann einem Arbeitslosen eine Beschäftigung zugemutet werden, wenn folgende tägliche Gesamtfahrzeiten nicht überschritten werden:[120]

2 h   bei Arbeitszeiten von weniger als sechs Stunden
2½ h   bei Arbeitszeiten von mehr als sechs Stunden

Und was für Arbeitslose zumutbar ist, kann für Menschen im Beschäftigungsverhältnis auch ein Anhaltspunkt sein. Allerdings liegen diese Zeiten erheblich über der durchschnittlichen Pendelzeit in Deutschland: Diese beträgt – gemäß einem Bericht des Instituts für empirische Wirtschaftsforschung der Universität Zürich – täglich 42 Minuten.[121]

Zeitdiebe mit Ausredenkatalog

Ein Mensch zum Bahnhof dauerlaufend,
mit Seitenstechen, mühsam schnaufend,
sieht auf die Uhr, es wird zu knapp –
und augenblicklich macht er schlapp.
(Eugen Roth: Der Unschlüssige)

S- oder U-Bahn und Fernzüge sind insgesamt erstaunlich pünktlich, auch wenn es hier und da schon mal zu Verspätungen kommt. Die Deutsche Bahn AG bezeichnet einen Zug als pünktlich, wenn er bis sechs Minuten nach der im Fahrplan vorgesehenen Zeit eintrifft bzw. abfährt.[122] Im September 2012 waren immerhin 94,4% der Züge pünktlich.[123] Auf der Webseite der Deutschen Bahn sind Verspätungen von Fernzügen mittlerweile in Echtzeit einsehbar, besonders hübsch grafisch dargestellt unter http://zugmonitor.sueddeutsche.de.
Trotzdem mag es Heerscharen von Menschen und Pendlern geben, die mir widersprechen, mich gar wachrütteln möchten, wenn ich die Pünktlichkeit der Bahn lobe. Natürlich gibt es hier und da bahnseitige Probleme, wie sie z.B. im "Bahnhasser-Buch"[124] geschildert werden: Die Autoren beklagen humorvoll einen "systematischen Zeitklau" durch die Linie S4 der Stuttgarter S-Bahn, die

morgens zwar zur gewünschten Zeit abfährt, aber schon seit zehn Jahren an einer bestimmten Stelle durch ein "tägliches Stillleben" von fünf bis sieben Minuten niemals pünktlich ankommt.

Abgesehen von solchen undramatischen Missständen – ein Politiker würde jetzt gestikulierend dementieren: "Ich kenne diesen Einzelfall nicht!" – jammern wir Deutschen mal wieder auf hohem Niveau.

Noch anspruchsvoller sind da allerdings die Japaner, denn die Japan Railways bezeichnen eine Verspätung von einer Minute schon als Unpünktlichkeit und sagen sie am Bahnsteig durch; Verspätungen von mehr als 30 Minuten kommen so selten vor, dass sie Thema in den Hauptnachrichten werden.[125]

Unpünktlichkeit ist ärgerlich – an welchem Bahnhof der Welt auch immer. Die typischen Ursachen von Verspätungen sind Fahrzeugstörungen, Signalstörungen, Schäden am Fahrweg, Baustellen, Unfälle/Notfälle und Verzögerungen beim Fahrgastwechsel.[126] Signalstörungen treten neuerdings immer häufiger wegen Diebstahls von wertvollen Kupferkabeln auf, die parallel zu den Gleisen verlegt sind.[127] Unfälle/Notfälle sind ebenso nicht selten, denn bei den jährlich tausend 'Personenschäden' hat die Bahn täglich mit zwei bis drei Selbstmördern zu tun.[128]

Wie ich auf einer Internetseite entdeckte, hat die Deutsche Bahn einen eigenen, sehr kreativen Katalog an Begründungen für Verspätungen:[129]

- Verzögerungen im Betriebsablauf
- Warten auf Anschlussfahrgäste
- Hohes Fahrgastaufkommen
- Bauarbeiten an der Strecke
- Verspätete Übergabe aus dem Ausland
- Pass-und Zollkontrolle
- Störung am Triebfahrzeug
- Technische Störung an einem Wagen
- Einstellen/Aussetzen von Zusatzwagen
- Unbefugtes Betätigen der Notbremse
- Tiere im Gleis
- Beeinträchtigung durch Vandalismus
- Ärztliche Versorgung eines Fahrgastes
- Personen im Gleis
- Notarzteinsatz am Gleis
- Feuerwehreinsatz an der Strecke
- Polizeiliche Ermittlung
- Weichenstörung
- Signalstörung
- Stellwerkstörung/-ausfall
- Oberleitungsstörung
- Störung am Bahnübergang
- Streikauswirkungen
- Witterungsbedingte Störung
- Unwetter
- Streckensperrung
- Stellabbau

Ebenso können andere Ursachen den Bahnverkehr lähmen, z. B. der Zugführer-Streik im Frühjahr 2008 in Berlin. Nur wenig später tauchten in der Hauptstadt Fahrzeugstörungen der delikaten Art auf – im Sommer 2009, als die S-Bahn Berlin feststellte, dass sie Inspektionen von Waggons vernachlässigt hatte und nachholen musste. Dies führte zu solch chaotischen Zuständen im S-Bahn-Netz, dass kurz danach die Köpfe des Vorstandes der S-Bahn Berlin rollten.

Nachdem das Unternehmen dann im Jahr 2010 den Verkehr einigermaßen sicherstellen konnte, wurde es vom Wintereinbruch Anfang Dezember 'überrascht' und es kam erneut zu massiven Zugausfällen. Dann setzte die S-Bahn Berlin Anfang 2011 noch einen drauf: Sie reduzierte den Takt für einige Tage auf manchen Strecken und stellte den Verkehr zu einigen Ortschaften ganz ein. Unpassenderweise kam – mitten im dritten Winterdesaster – eine Erhöhung der Fahrpreise hinzu: Die Empörung der Bahnkunden war gerechtfertigt.

Kein Anschluss unter dieser Nummer

Eine kleine Verspätung kann für einen Fahrgast in langer War-tezeit münden, wenn er seinen Anschlusszug verpasst. Selbst die sorgfältigste Planung kann durch unvorhergesehene Zwischenfälle zusammenfallen wie ein Kartenhaus. Der Reisende ist dann ge-zwungen, seine Verbindungen neu zu organisieren, so wie eine Spinne unermüdlich ein neues Netz baut, nachdem das alte zer-stört wurde.

Das Verspätungsrisiko von Fern- und Regionalzügen – und da-mit potenzieller Wartezeiten – ist umso höher je später am Tag es ist. An den Hauptreisetagen Freitag und Sonntag ist ebenfalls öfter mit Verspätungen zu rechnen, schrieb Stiftung Warentest 2008.[130]

Das Opfer einer Verspätung zu sein und die eigene Zeitplanung nicht mehr unter Kontrolle zu haben, verursacht Stress. Es ist weniger der Zeitverlust, sondern eher die Tatsache, dass man sich den Geschehnissen unterordnen und warten muss, bis beispiels-weise irgendwelche 'polizeilichen Ermittlungen' abgeschlossen sind (s. Seite 32). Der Reisende selbst ist der Verspätung ausgelie-fert. Die Erkenntnis 'Stress durch Kontrollverlust' verdanke ich übrigens dem wundervollen Buch "Zeit. Der Stoff, aus dem das Leben ist" von Stefan Klein; eine superbe Bahnlektüre, bei der die Zeit auf der Strecke bleibt.

Es gibt Möglichkeiten für die Bahnunternehmen, die Leiden der Fahrgäste an der verlorenen Zeit zu lindern: Einer Londoner Stu-die zufolge waren Reisende doppelt so zufrieden, wenn ihnen unvermeidliche Verspätungen sofort mitgeteilt wurden. Denn folgende Frage spielte für die Londoner eine große Rolle: "Habe ich genug Zeit, um schnell zu Starbucks zu gehen?"[131]

Auf der Wartburg

So kann eine neue Wahrheit lange warten, bis sie sich Bahn macht. (Johann Wolfgang von Goethe)[132]

So mancher Big Player unserer Zeitgeschichte wusste seine War-tezeit sehr wirksam und folgenreich zu nutzen: Martin Luther beispielsweise harrte einige Zeit auf der Wartburg aus, übersetze dort das Neue Testament ins Deutsche und schuf so die Grundlage der einheitlichen deutschen Sprache. Der kleine bescheidene Bahnfahrer hat leider wenig Möglichkeiten, während seiner Wartezeit Großes zu vollbringen, denn einerseits sind die Pausen dafür zu kurz (Luther hatte immerhin elf Wochen Zeit für seine Übersetzung[133]) und andererseits manchmal so unberechenbar wie die Launen von Mutter und Natur.

Nichts ist schlimmer als Langeweile. Das finden nicht nur Kinder. Lebens- und Zeitratgeber werden nimmer müde, Hilfestellungen zu geben, z.B. wie ein Mensch jede Wartezeit sinnvoll nutzen kann: lesen, Liste für den Wochenendeinkauf zusammenstellen, friedliche Revolution anzetteln. Anne Burmester hat beobachtet, dass wartende Reisende die Wirtschaft ankurbeln: "Sie kaufen aus purer Langeweile Zeitungen und Magazine […]. Mehrmals die Woche, ob morgens, ob abends, sorgt die DB indirekt dafür, dass Bahnhofsgastronomie und Zeitungsläden einen wirtschaftlichen Aufschwung erfahren, der Pendler jedoch im Schnitt pro verpasstem Anschluss um drei Mark ärmer wird"[134].

Wenn alle Artikel gelesen sind, die Einkaufsliste schon am Mittwoch geschrieben und eine friedliche Revolution bereits in die Geschichtsbücher eingegangen ist, nutze ich die Zeit am Bahnsteig, um mir die wartenden Menschen genauer anzuschauen. Dabei versuche ich, die Wartenden in verschiedene Schubladen hineinzupressen, in Anlehnung an die Kategorien von Horst Bosetzkys "Typologie der Wartenden"[135]:

Warte-Typ	Merkmale
Die Einstiegsoptimierer	Sie stehen unerschütterlich an einer Position des Bahnhofs, an der sich garantiert die Tür der S-Bahn öffnet und einen Premium-Zugang zu den Sitzplätzen garantiert.
Die Fleißigen	Sie haben stets einen Ordner mit Aufzeichnungen dabei, ein Fachbuch oder einen Laptop zur Bearbeitung von E-Mails.
Die Kaufenden	Sie sind quasi nicht erkennbar, da sie in einem Meer aus Einkaufstaschen versinken.
Die Speisenden	Sie genießen es, die Wartezeit durch Nahrungsaufnahme zu versüßen und nehmen es in Kauf, dass viele Augenpaare und Nasen mitverfolgen, wie die Bratwurst abgebissen, gekaut und in der Speiseröhre heruntergewürgt wird.
Die Kindzentrierten	Anstatt eines Buches oder eines MP3-Players nehmen diese Personen einfach ein Kind mit auf die Reise und werden dadurch unterhalten (sowie der Rest der Mitreisenden).
Die Abholenden	Sie werfen ständig sehnsüchtige Blicke in Richtung der einfahrenden Züge, auf dass der Zug bald komme. Das Blicken wird unterbrochen von Handychecks, ob es eine Nachricht gibt. Hat der Zug seine Ladung Menschen auf den Bahnsteig gespuckt, wird das Gewusel systematisch sondiert auf der Suche nach dem Gesicht des ersehnten Ankömmlings. Gefunden, Umarmung, warme Worte. Happy End.
Die Selbstmörder	Leider nicht im Voraus zu erkennen und glücklicherweise selten.

Die Erfindung der Langsamkeit

Das Reisen im öffentlichen Nahverkehr funktioniert gut in vernetzten Städten, z.B. in Berlin, oder in engmaschig ausgebauten Regionen wie der Rhein-Main-Neckar-Region. "Relativ!", würde so mancher Autofahrer entgegnen und dabei Recht bekommen, denn nur bei günstiger Konstellation bringen Bus & Bahn ihre Passagiere schneller ans Ziel als das Auto. Dies ist dann der Fall, wenn die Entfernung zur Bahnstation gering ist und der Reisende nicht oder nur wenig umsteigen muss. Wohnt er dagegen ein bisschen außerhalb und ländlich, ist Reisen per Bus & Bahn ein wahrer Zeitfresser: Benötigt ein Autofahrer z.B. 30 Minuten von der Arbeitnehmer-Haustür zum Arbeitgeber-Eingangstor, mal von Staus abgesehen, ist der Reisende per Bus & Bahn für die gleiche Strecke in ungünstigen Fällen ein bis zwei Stunden unterwegs – und da sind Verspätungen, Schienenersatzverkehr oder Streiks noch nicht mit eingerechnet. Das ist zu lange!

Das Auto ist sehr schnell, sehr bequem und trotz seiner verheerenden Wirkungen auf die Umwelt der Deutschen liebstes Mobilitätsmittel. Das Statistische Bundesamt hat festgestellt[136], dass

- zwei Drittel aller Deutschen, die mindestens einmal am Tag das Haus verlassen, das Auto nehmen;
- das Auto vor allem für die Fahrt zur Arbeit verwendet wird;
- 58% der reisewilligen Deutschen per motorisierten Individualverkehr unterwegs sind, aber nur 10% mit öffentlichen Verkehrsmitteln, davon 2% mit Eisenbahnverkehr inkl. S-Bahn und 8% mit dem Bus.

[Der Rest ist *per pedes* – also zu Fuß – unterwegs (23%) oder *per pedalia* mit dem Drahtesel (9%).]

Bahnfahren wird ein zeitliches Ärgernis bleiben, solange Autofahren günstiger und schneller ist.

Soziale Ärgernisse: Jeder Jeck ist anders

Welcher Menschenschlag fährt eigentlich mit der Bahn? Betuchte Zyniker mögen behaupten, es seien die drei A-Gruppen: Arbeitslose, Auszubildende und Arme.[137] Doch so einfach ist es nicht, denn die Artenvielfalt im Bahn-Biotop ist facettenreich. Dies zeigen auch die wunderschönen, im Internet einsehbaren Fotografien vom Berliner U-Bahn-Leben von Toufic Beyhum[138] oder Loredana Nemes' atmosphärische Schwarz-Weiß-Ablichtungen[139]. So mancher nimmt die Bahnwelt als fremdartig wahr, wie Markus Neidels Trickfilm über die Tentakelmonster in der S-Bahn aufdeckt.[140]

Pendlerpauschalen

Die Pendler sind das Rückgrat der Bahn fahrenden Gilde. Sie investieren Zeit, Geld und Mühen, um ihr Familien- und Arbeitsleben zu bewältigen, das im Takt des Fahrplans schwingt. Sie sind kein Ärgernis, eher die solide Basis der Bahnfahrer. Der folgende Abschnitt beleuchtet Pendler als soziales Phänomen, kann sich aber ein temporäres Abschweifen in zeitliche Ärgernisse zuweilen nicht verkneifen.

Manche Menschen pendeln im werktäglichen Rhythmus, andere nur am Wochenende. Die Journalistin Sonja Zekri definiert zynisch: "Es gibt einen Unterschied zwischen Reisen und Pendeln: Reisen ist eine einmalige Bewegung von A nach B, Pendeln dagegen eine Bewegung zwischen A und B, die potenziell endlos ist, sozusagen chronisch, unheilbar."[141]

Ca. 1,5 Millionen Beschäftigte fahren werktäglich mindestens 50 km von Wohn- zu Arbeitsort.[142] Der Pendler spürt, dass er kein Einzelschicksal hat, sondern Teil einer Pendlergesellschaft ist.[143] Er richtet sich entsprechend ein und nutzt die mobile Zeit sinnvoll, schließlich verbringt er viel Zeit in der Bahn (durchschnittlich 7,2 Jahre seines Lebens[144]). Manche bereiten den Arbeitstag vor oder nach. Andere nutzen die Zeit ausschließlich für privates Vergnügen. Menschen vom Typus Eule holen morgens in der Bahn etwas Schlaf nach, die Lerchen dösen eher auf der Rückfahrt.

Bei mir wechseln die – schon im Prolog erwähnten – Tätigkeiten nach Last, Lust und Laune. Es gibt arbeitseifrige Tage, an denen ich fachliche Artikel lese. Dann erblühen konsumfreudige Zeiten, in denen ich am Laptop Filme schaue, für die ich daheim keine Zeit oder Muße habe. Danach kommt die Tagebuch-Phase, während der Erlebtes niedergeschrieben wird, wenn ich dies zu Hause versäumt habe. Zwischendrin entdecke ich, dass ich den Musikgenuss zu lange vernachlässigt habe und reise eine Zeit lang vorwiegend als Steiff-Tier mit Knopf im Ohr. So wiederhole ich gerne mein Credo: Ein Hoch auf diese abwechslungsreiche "Qualitätszeit"[145], in der ich mein eigener Programmdirektor bin!

Die Bahnzeit ist ein Puffer für den Übergang zwischen Privatwelt und Arbeitswelt. Doch diese Pufferzeit bleibt im wahrsten Sinne des Wortes 'auf der Strecke', denn sie fehlt daheim: Kam ich nach einem unvorhergesehenen langen Arbeitstag verspätet nach Hause, hatte dies zur Folge, dass ich nicht das Ins-Bett-Geh-Ritual mit meiner kleinen Tochter zelebrieren konnte. Die Gleiszeit hinterlässt eine Eiszeit daheim, weil diese Stunden für Familie und Freizeit fehlen. Es ist eben auch ein zeitliches Ärgernis.

Neben der verlorenen Zeit peinigt den Pendler ein weiteres Übel, nämlich die Gefährdung der Gesundheit: "Pendeln ist mit erheblichen seelischen und körperlichen Belastungen verbunden, und das nicht nur für die mobile Person selbst, sondern auch für deren Familien"[146], warnt Prof. Norbert Schneider von der Universität Mainz.

Pendler des öffentlichen Verkehrs leiden beispielsweise häufiger unter Infekten, während bei Autofahrern mit langen Wegen die Arthrosegefahr zunimmt.[147] Dies deckt sich mit meinen hypochondrischen Beobachtungen bei den infektiösen Ärgernissen (s. Seite 103). Eine Studie zeigte, dass in stressigen Situationen in öffentlichen Verkehrsmitteln Spitzenwerte zwischen 110 und 140 Herzschlägen pro Minute erreicht werden (bei Autofahrern allerdings 150)[148]. Dazu kommen unterschwellige psychische Belastungen, z.B. die "ständige lauernde Angst, zu spät zu kommen oder in einen Unfall verwickelt zu werden"[149].

"Nicht hetzen", empfiehlt da der Arbeitsmediziner Dr. Manfred Lindorfer, weil die Angst vor Unpünktlichkeit ein wichtiger Stress-Faktor beim Fahren ist.[150] Unternehmen sollten ihre Mitarbeiter unterstützen, z.B. durch vermehrte Telearbeit, Heimarbeit, Gleitzeit oder einen späteren Beginn der Frühschicht.

Eine Studie der Universität Zürich fand heraus, dass mit jeder Minute, die ein Berufstätiger länger zur Arbeit unterwegs ist, die Gesamtzufriedenheit des Menschen sinkt.[151] Bahnpendler sind in einem Teufelskreis gefangen, wie Angela Poppitz erkennt: "Sie suchen bei der Bahnfahrt Erholung, um den Belastungen des Mobilitätsalltags zu begegnen, zu denen wiederum Bahnfahren gehört."[152] Wohnortnah zu arbeiten ist ein Luxus, und dessen sind sich besonders Langstreckenpendler mit chronischem Zeitmangel bewusst. Dieser Zug endet hier – bitte alle aussteigen!

Lange haben's schwerer als Kurze

Manche tun es werktäglich, andere nur am Wochenende und einige noch seltener. Wir reden natürlich vom Pendeln.

Neben der Häufigkeit lassen sich die Aktivitäten der unterschiedlichen Pendlertypen auch nach der Dauer einteilen: Es gibt solche, die täglich nur wenige Minuten oder Kilometer zurücklegen müssen und es gibt diejenigen, die eine Stunde oder länger unterwegs sind. Doch ist der Graben tief und von Stacheldraht gesäumt, zwischen den beiden Pendlertypen 'Langstrecke' versus 'Kurzstrecke'? Nein. Langstreckenpendler haben einfach den Kürzeren gezogen. Ihre Arbeitsstätte liegt in einer weiter entfernten Stadt, daher müssen sie länger reisen als die kurzen Pendler. Folgende Liste spiegelt das Leid der langen Strecken wider und kann gleichzeitig dem Kurzstreckenpendler in Momenten des Schienenersatzverkehrs Trost spenden:
- Langstreckenpendler müssen mehr Lebenszeit auf den Gleisen opfern.
- Verpassen sie einen Anschlusszug, ist das sehr zehrend, weil der Bahntakt niedriger und die Wartezeit höher ist als im Nahverkehr.
- Sie haben das Gefühl, für ihre tägliche Überfahrt unbedingt einen Sitzplatz zu brauchen; Anne Burmester spricht vom 'Ich-muss-einen-Sitzplatz-finden'-Instinkt[153].
- Die Wahl des Sitzplatznachbarn hat durch die längere Einwirkzeit nachhaltigen Einfluss auf das Reisewohlgefühl.

- Sie benötigen mehr Utensilien (Essen, Trinken, Lesestoff, Hygiene-Artikel etc.)
- An Freitagen ist die Fernbahn zusätzlich mit Wochenendpendlern gefüllt, was die ohnehin knappen Ressourcen Zugbegleiter, Platz und Rücksicht verringert.

 **Besser Bahnen: Effizient mobil Arbeiten**

Nutzen Sie Ihre Fahrt im doppelten Sinn: zur Raumüberwindung und zu Arbeitserledigung. Was Sie während der Fahrt schaffen, spart Zeit im Büro oder daheim. Ein wichtiger Faktor dafür, dass das mobile Malochen gelingt, ist die richtige Platzwahl. Die Gesellschaft für Arbeit und Ergonomie weist in ihrem Flyer "Arbeitsplatz Bahn" darauf hin, dass Sie am ruhigsten in der Wagenmitte sitzen.[154] Suchen Sie sich Mitreisende, die auch arbeiten. Dösende Sitznachbarn sind kein anregendes, obwohl ein ruhiges Arbeitsumfeld. Schlafende Kumpane wählen Sie besser, falls Sie auch ein Nickerchen machen wollen. Wer sich auf die Arbeit konzentrieren möchte, verzichtet auf plappernde Kosmopoliten. Manche Menschen können während einer Bahnfahrt besonders kreativ sein, andere nur stumpfe Tätigkeiten ausüben. Das sollte jeder selbst herausfinden. Nutzen lässt sich die Zeit auf der Schiene in jedem Fall.

Je nach Entfernung zum Ziel bringt ein Flugzeug Sie zwar schneller ans Ziel als die Bahn, aber hierbei ist die Reisezeit in viele kleine Animositäten zerhackt, vom Check-in bis zur Gepäckausgabe. In der Bahn bleibt die Zeit im Block, zumindest bei Fahrten ohne Umsteigen – und selbst dann ist die Unterbrechung nicht so ausgeprägt wie bei Flugreisen. Die Grenze für Bahnreisen bewegt sich in Reisezeiten zwischen drei und vier Stunden, z.B. von Frankfurt am Main nach Berlin. Bei längeren Reisezeiten ist das Flugzeug in punkto Zeitgewinn unschlagbar.

Wenn Sie öfter beruflich weitere Strecken bewältigen müssen, fragen Sie Ihren Chef, ob er die 1. Klasse spendiert. Dort können Sie besser arbeiten und gewinnen noch ein Stück Komfort dazu. Diejenigen, die in der Bahn partout nicht ackern können, sollten sich gar nicht dazu zwingen, sondern die Reise gezielt zur Entspannung nutzen. Irgendetwas geht immer!

Jung und schon verdorben

In dem Buch "Briefe in die chinesische Vergangenheit"[155] reist ein Mandarin namens Kao-ta aus dem 10. Jahrhundert mit einer Zeitmaschine in die Zukunft, ins heutige München. Herr Kao-ta berichtet enthusiastisch von der Welt der "Großnasen", unter anderem auch der Bahn, die er als "rollende Räume" bezeichnet. Doch nicht nur Chinesen aus der Vergangenheit sind begeistert von den rollenden Räumen, sondern auch Kinder der Gegenwart.

Besonders kleine Knaben sind davon entzückt, wie sich die großen, vor Kraft strotzenden Maschinen bewegen und die Türen sich zischend öffnen. Nach der kurzen Phase der Begeisterung gewinnt jedoch Unruhe die Überhand; dann wird herumgetobt und -getollt. Die oberen Haltestangen werden zum Reck umfunktioniert, die vertikalen zur Kreiselhilfe, die Sitzplätze zum Kletterparcours und das Anfahren zum Gleichgewichtstest.

Nachteil: Die Kinder machen Lärm, der nervt. Selbst Maria Montessori würde in diesen Situationen Züchtigungsdrang verspüren.

Vorteil: Es sind aktive Kinder, und solche sind mir lieber als träge Rotznasen, die Kekse in sich hineinstopfen und permanent Zuckersaft nuckeln. Pupst so ein Wonneproppen dann gelangweilt in seinem Buggy vor sich hin, nutze ich die Gunst der Stunde und schneide komische Grimassen, wenn der Erziehungsberechtigte gerade wegguckt. Sichtlich irritiert nimmt das Kind mich seltsamen Erwachsenen wahr, der sich ganz anders verhält als das desinteressiert reisende Volk drum herum. Ein kurzer hilfesuchender Blick zur Mama, der nicht erwidert wird, denn Mama reibt vertieft auf ihrem Handy herum. Dann wieder ein Blick zu mir. Ich tue einige Sekunden so, als würde ich lesen, um dann wieder für einen kurzen Augenblick mein verzerrtes Gesicht zu präsentieren. Nicht ganz aufrichtig, aber ungemein lustig. Wichtig: Die Erziehungsberechtigte darf davon nichts mitkriegen.

Größere Schulkinder hingegen haben einen Teil ihrer Niedlichkeit und Neugierde verloren. Unschön ist es, wenn eine Schulklasse den halben Waggon stürmt und ich mich plötzlich zwischen pickeligen Teenies wiederfinde, was vermutlich ein Vergeltungsschlag für die von mir irritierten Kleinkinder ist. Lesen ist angesichts des Lärmpegels der Pennäler nicht mehr drin, nur noch soziale Feldstudien zum Verhalten pubertierender Schulkinder.

Wer ist Klassenclown, wer Außenseiter, wer Schlaumeier und wer wird die hübscheste Frau werden? Besser soziale Zwangsbildung als gar keine. Armin Thiel fragt da schon deutlicher: "Und wann gibt es endlich einen Kinderwaggon für diese lärmenden und manchmal nervtötenden Rasselbanden, die uns Pendler um die wohlverdiente Ruhe bringen?"[156]

Super-Eltern

"Die Kinder haben nur halb Schuld", tönte es regelmäßig beim Abendessen aus dem Munde meines Vaters, wenn die Rede von verzogenen Bälgern und ihren verhaltensgestörten Eltern war. Wie Recht er doch hatte.

Jedes Kind bringt genug genetische Mitgift mit, die seine Persönlichkeit formt und weitgehend resistent gegen die Erziehung der Eltern macht, konnte die Psychologin Judith Harris belegen[157]. Aber gemäß Murphys Gesetz können degenerierte Mütter und Väter auch hier kaputt machen, was gerade noch kaputt zu machen geht.

Da gibt es fettleibige Eltern, die ihre Dönerkinder mit Eistee und Butterkeksen mästen, auf dass sie unabhängig vom Geschlecht frühzeitig Brustansätze entwickeln. Einen mundgerecht angebotenen Apfel anstatt der Zucker-Fett-Bomben würde der Nachwuchs auch essen, wenn kein anderes Wunderwerk der Lebensmittelindustrie verfügbar wäre. Mich stört, dass hier eher zukünftige Patienten herangezogen werden als Menschen mit halbwegs guten Essgewohnheiten, normalem Körperbau und geringerem Diabetes-Risiko.

Dann ist da noch das andere Extrem: Eltern, die aus bildungsintensiven Gemeinschaften kommen und einen unaussprechlichen Doppelnamen tragen. Deren verzogenes Früchtchen ist total interessiert an allem, was in der S-Bahn nicht niet- und nagelfest ist. Die hysterische Mami maßregelt ihren Buben bei jedweder Handlung, egal ob die Situation gefährlich oder ungefährlich ist. Der kleine Mensch gewöhnt sich schnell ans Ausblenden von Mamis Äußerungen, zumindest bis diese eine Lautstärke erreicht haben, bei der selbst Papi kuscht. Bei diesen Mama-Söhnchen-Konstellationen bereiten mir die versteckten Grimassenspielchen besondere Freude (s. Seite 118).

Die Brut kann ja nichts dafür, dass sie so wohlbehütet aufwächst, aber die ständige Maßregelung, die Übervorsichtigkeit und das andauernde Gemecker nerven die Mitmenschen. Natürlich möchte ich nicht, dass den Plagegeistern ein Unfall geschieht, aber warum den kleinen Forschern nicht etwas Freiraum zum Experimentieren lassen? Der Bahnwagen ist zwar kein Abenteuerspielplatz, aber auch kein Minenfeld.

Im Regelfall werden aus den kleinen Menschen sowieso langweilige Erwachsene. In dem Film "Code 46" muss dies Tim Robbins erkennen, der gegenüber seiner frischen Liebschaft Maria von seinem Sohn schwärmt, worauf sie entgegnet: "Jeder denkt, sein Kind ist besonders. Fragst du dich nicht, wo all die gewöhnlichen Erwachsenen herkommen?"[158] Oder anders und klassisch nach Goethe: "Wüchsen die Kinder in der Art fort, wie sie sich andeuten, so hätten wir lauter Genies."[159]

In einer idealen Welt würde ich mir Eltern wünschen, die alles Mögliche tun, damit ihre Kinder verantwortungsvoll und interessant werden, aber bitte nicht gewöhnlich und langweilig, sonst enden sie als klatschende graue Masse an den Biertischen des MDR-Frühlingsfests der Volksmusik. Zug endet hier!

Wie Kinder das Bahnfahren sehen

Menschen, die was wollen

Sie gehören zum Bahnfahren wie Motten zur nächtlichen Straßenlaterne. Sie sind Experten im Erhaschen von Aufmerksamkeit: Bedürftige, Lebens- und Musikkünstler, die sich in der Bahn etwas dazuverdienen möchten.

Das Plädoyer des Bettlers

Bevorzugt an viel befahrenen Streckenabschnitten von S- und U-Bahn steigen Bettler hinzu und gehen durch den Waggon in der Hoffnung auf etwas monetäre Zuwendung. Einige sind schon frühmorgens in der Bahn, um dem Pendler ein wenig Lohn abzuknapsen. Das ist die Frühschicht der Almosenempfänger. Bemerkenswert sind ihre kurzen Monologe, die von einfallslos ("Hamsemal n Euro?") über kumpelhaft-höflich ("Guten Morgen, ich bin's mal wieder – Euer Siggie, die alte Nervensäge ...") bis zum formellen Abschlussplädoyer eines amerikanischen Staatsanwalts reichen ("Meine Damen und Herren, entschuldigen Sie die morgendliche Störung, aber ...").

Die Reaktionen der Mitfahrer decken die ganze Bandbreite von Nichtbeachtung bis zu Mitleid ab:
- durch den Bettler hindurchblickend, als sei er gar nicht anwesend;
- auf den Boden schauend, als würde sich dort etwas Interessantes befinden;
- spontan dösend, wenn der Bettler naht;
- beschimpfend, weil der Bettler sich keine 'ehrliche' Arbeit sucht;
- ablehnend, kurz und bündig;
- bemitleidend und spendend.

Ich für meinen Teil gebe diesen Leuten gelegentlich eine Kleinigkeit zu essen, je nach Tageslaune und je nach Sympathie gegenüber dem jeweiligen Menschen. Falls ich nicht spende, so schaue ich der bettelnden Person bei Ablehnung wenigstens aufrichtig in die Augen, um ihm oder ihr zumindest Respekt entgegenzubringen. Wer weiß, was die Zukunft bringen wird? Jedermann könnte durch einen Schicksalsschlag selbst in eine derartige Situation geraten und wäre dankbar für wenigstens einen Schokoriegel oder eben Respekt.

Zeitungsverkäufer mit Biss

Einige arme Menschen ergreifen die Initiative, indem sie Straßenzeitungen ('Obdachlosenzeitungen') an Fahrgäste verkaufen. Dabei handelt es sich nicht um übliche Tages- oder Wochenzeitungen, die im Kiosk um die Ecke feilgeboten werden. Es sind vielmehr Zeitungen, die über den Alltag von Obdachlosen und Bettlern berichten und die hilfreiche Hinweise zum Überleben zwischen Suppenküche und 'Hartz IV' geben.

In Berlin sind die beiden wichtigsten dieser Zeitungen die "Motz" und der "Strassenfeger". Die "Motz" existiert seit 1995, erscheint alle zwei Wochen mit jeweils 11.000 Exemplaren, und die Einnahmen der Zeitung sowie des angeschlossenen Ladens fließen in soziale Projekte.[160] Der "Strassenfeger" hat eine Auflage von über 20.000 Exemplaren und ist Einnahmequelle für 80 bis 100 arme oder obdachlose Menschen, die sich verpflichten, nicht berauscht und nicht in öffentlichen Verkehrsmitteln zu verkaufen.[161] Auch wenn die S-Bahn Berlin Warenverkauf generell in den Bahnen untersagt, tummeln sich während der Hauptverkehrszeit dort munter die Zeitungsanbieter.

Andere deutsche Großstädte haben ihre eigenen Straßenzeitungen; in München ist es z.B. der "BISS" (= Bürger in sozialen Schwierigkeiten; monatliche Auflage von 38.000 Exemplaren[162]) oder in Hannover das "Asphalt-Magazin" (monatliche Auflage von 25.000 Exemplaren[163]). Verwerflich? Nein, denn solange Fahrgäste nicht belästigt werden und die Gesellschaft insgesamt profitiert, ist dies in Ordnung.

Snacks, Drugs and Rock'n Roll

Snack-Verkäufer trifft der Reisende eher im Fernverkehr an, im Regionalexpress, IC oder ICE. Im Gegensatz zu den Verkäufern der Obdachlosenzeitungen in S- und U-Bahn sind sie vom Reiseunternehmen Deutsche Bahn AG erwünscht und legitimiert. Auf der Rückseite ihrer Trikots prangt "Snack-Express", und so düsen sie mit ihren schmalen Genussmittel-Rollatoren durch die Gänge, bieten Kaffee oder eingeschweißte Sandwiches feil. Ihre natürlichen Feinde sind sperrige Koffer im Gang und Kunden, die kein Trinkgeld geben. Leider bekommen die Snackies eine sehr geringe

Vergütung für den Verkauf des Konsumguts, zynisch gesagt nur einen Hungerlohn.

Lustige Musikanten

Sie sind alleine, zu zweit oder zu dritt. Meistens spielen sie bekannte Lieder nach, selten etwas Eigenes. Die Musikanten in S- und U-Bahn sind die Dienstleister unter den Nassauern: Manchmal sind ihre Darbietungen sogar harmonisch und abwechslungsreich. Nicht selten hat mir die Beschallung für den restlichen Tag einen Ohrwurm beschert (also ein Mem, s. Seite 104). Je nach meiner Stimmungslage und je nach Qualität ihrer Musik können diese Burschen mit ihrem Gedudel aber auch nerven. Beim MP3-Player kann ich mir aussuchen, ob und was ich aufs Ohr bekommen möchte. Von den Bahnmusikanten werde ich beschallt, ob es mir gerade gefällt oder nicht. Werfe ich keine Münze in den Hut, plagt mich außerdem ein schlechtes Gewissen.

Ähnliche Gedanken schreibt sich ein Blogger von der Seele und übt Kritik an dem organisierten Musikantentum:[164]

> [...] mittlerweile stürmen Scharen dieser Musiklegastheniker die U-Bahnwaggons. Immer zu den Stoßzeiten drängen sie sich durch die Pendlermassen auf der Suche nach geraden Tönen und etwas Kleingeld. Es ist grausam. Zumal sich die Musiker mittlerweile zu organisieren scheinen. Sie tauchen jetzt häufiger in Zweiergruppen auf, wobei einer der beiden für das 'Spielen' und der andere für das Geldeintreiben zuständig ist. Es handelt sich dabei offensichtlich nicht um die üblichen Obdachlosen, die sich damit durchzuschlagen versuchen, sondern um organisierte Gangs. Auffällig ist auch die Aufmachung dieser Gesellen: nicht selten tragen die nämlich teure Markenklamotten.

Dass die Musikanten nicht immer freischaffende Einzelpersonen sind, bestätigt Bert Sonntag, bei der S-Bahn Berlin für Sicherheit zuständig: "Bei den Musikern handelt es sich zum Großteil um organisierte Gruppen, die extra anreisen, um auf diese Art Geld zu machen."[165]

Pfandflaschensammler

Pfandflaschen-Fritze – so taufte ich diese Gestalt – wartete stets sehnsüchtig am Bahngleis der Endstation, bis die von ihm ersehnte S-Bahn mit verstecktem Pfandflaschenfundus einfuhr. Pfand-flaschen-Fritze war um die Fünfzig, verbraucht, gebückt und ziemlich ungepflegt. Er fuhr nicht selber mit der S-Bahn, sondern nahm die Pfandflaschen der Feierabendpendler in Empfang. Nachdem die Bahn ihre Fracht ausgespuckt hatte, glitt er durch den personenbereinigten Waggon, den Blick abwechselnd links-rechts auf der Suche nach frischem Leergut. Erspähte er eine leere Bierflasche, dann schmuggelte ein Grinsen etwas Freundlichkeit in sein zerknittertes Antlitz. Routiniert nahm er das Gut entgegen, packte es in seine Plastiktüte, die sich klimpernd bedankte. Dann huschte er geschwind weiter durch die Sitzreihen, bis 'Mission Ankunftszeit 18:57 Uhr' erledigt war.

Pfandflaschen-Fritze war zwar kein schöner Anblick, aber er hat einen sinnvollen Job erledigt: Erstens hat er sich ein paar Gro-schen zu seinem Einkommen hinzuverdient, zweitens hat er das Reinigungspersonal entlastet und drittens hat er keinen Reisenden belästigt. Doch eines Tages ward Pfandflaschen-Fritze nicht mehr gesehen. An seine Stelle trat jetzt ein älteres Pärchen, das die an-kommenden S-Bahnen nach Leergut abklapperte. Hatte der Meis-ter des Mehrwegs sein Revier an das Pärchen abgetreten? Freiwil-lig oder auf Druck? Gibt es eine Pfandflaschen-Sammler-Szene oder gar eine Mafia wie bei den Straßenmusikanten?

Ein Kessel Buntes über das Schwarzfahren

Die Fahrkarte gehört zu den ehrlichsten Druckerzeugnissen der Welt.[166]

"Schwarzfahren ist ein Wort der deutschen Umgangssprache und heißt so viel wie: ohne zu bezahlen einen Bus, eine Bahn oder ein sonstiges öffentliches Verkehrsmittel unerlaubt zu benutzen". So definieren das akademische Kriminologen.[167]

Schwarzfahrer sind typische 'Trittbrettfahrer', die sich Leistun-gen unentgeltlich erschleichen. Sie bezahlen ihre Zugfahrten mit ihrem Nervenkostüm anstatt mit Geld, wie das Bahnfahrer-Bestimmungsbuch treffend anmerkt.[168]

In Fernzügen, z.B. der Deutschen Bahn AG, ist die Fahrkarten-kontrolle ein fester Bestandteil der Reise, ja sogar für manche Fahrgäste eine gewünschte Konstante des Bahnalltags. Hier fragt der Kontrolleur offensiv, ob noch jemand zugestiegen sei. Im Nahverkehr erfolgt die Fahrkartenkontrolle dagegen sporadisch, je nach Region durch uniformierte Sondereinsatzkommandos (z. B. in Augsburg) oder durch zivil gekleidete Spezialisten (z. B. in Berlin).

Die (meist) friedliche Koexistenz von Schwarzfahrer und Kontrolleur, ihre gegenseitige Abhängigkeit und ihr Maskeradenspiel sind ein erstaunliches Phänomen:
- Was wäre der Schwarzfahrer ohne Fahrkartenkontrolleur? Unerkannt.
- Was wäre der Fahrkartenkontrolleur ohne Schwarzfahrer? Arbeitslos.

Wodurch machen sich zivile Kontrolleure in S-Bahn, U-Bahn oder Bus bemerkbar? Sie sind schwer zu erkennen, denn meist handelt es sich um ganz normale Menschen, ohne besondere Eigenschaften. Doch einen Versuch ist es wert. Berlins 'Kontrollettis' zeichnen sich häufig durch folgende Merkmale aus (inspiriert von der Liste des Blogger-Duos LarryLuca[169]):
- Sie sind mindestens zu zweit unterwegs.
- Es ist immer mindestens ein Mann dabei, die Kombination Frau-Frau kommt praktisch nicht vor.
- Sie haben nichts dabei, was beim Kontrollieren stören würde, wie MP3-Player, Zeitung, Blumenstrauß, Koffer, Ikea-Regal etc.
- Sie haben einen lässigen Kleidungsstil.
- Sie setzen sich selten hin, wenn sie den Bahnwagen betreten (weil sie gleich wieder aufstehen müssen).
- Sie steigen häufig getrennt an beiden Enden des Bahnwagens ein.
- Es sind meistens Kaukasier ('Europäer'), selten asiatische oder farbige Mitbürger.

Mittlerweile gibt es Frühwarnsysteme ähnlich den Blitzermeldungen für Autofahrer im Radio. Per soziale Netzwerke wie Facebook und Twitter können Bahnfahrer des Münchner Raums auf der Seite "MVV-Blitzer" melden, wenn Kontrolleure in 'ihrer' Linie unterwegs sind.[170] Für den Berliner Raum existiert bereits eine Smartphone-Software (= App) namens 'SchaffnerRadar'[171]: Damit kann der Bahnfahrer eine Karte des Ballungsraumes abrufen, auf der dort gemeldete Kontrollen angezeigt werden. Das System wird durch Hinweise von Reisenden gespeist, die einen SOS-Button in der App drücken, wenn sie einen Kontrolleur erblicken; über Positionsdaten des Smartphones und den Bahnfahrplan ermittelt die App, auf welcher Bahn- oder Bus-Linie die Kontrolleure unterwegs sind.

Diese App ist dementsprechend aktuell, lebt vom Mitmachen. Die Berliner Verkehrsbetriebe sehen ihre Anwendung gelassen, weil die meisten Fahrgäste ein festes Ziel hätten, an dem sie zu einem bestimmten Zeitpunkt sein müssten, und nicht einfach auf eine Fahrt verzichten könnten.[172]

Haben sich die Kontrollettis erst einmal eingeschlichen, dann schallt es "Fahrkartenkontrolle" oder "Ihre Fahrscheine, bitte!" durch den Waggon, sobald sich die Türen der S- oder U-Bahn schließen und sie losfährt. Die Kontrolleure tingeln dann durch das Gefährt, zeigen ihre Lizenz zum Ticket-Lunzen und prüfen die Fahrscheine der Bahnpassagiere. Sie haben immer ein Täschlein dabei, in dem sie ihr Gerät zum Ausstellen des Feststellungsbelegs mitführen. Dieser stellt fest: "Sie wurden bei der Fahrausweisprüfung ohne gültigen Fahrausweis festgestellt. Sie haben deshalb ein erhöhtes Beförderungsentgelt zu bezahlen." Jugendliche mögen über dieses Gerät denken: "Boah, derbes Retro-Modding einer Playstation Portable, Alda!" Routiniert und beutewitternd warten die Kontrollettis geduldig vor jedem Fahrgast, der seinen Fahrschein nicht gleich findet und bei der Ticketsuche schon die ersten Schweißperlen auf der Stirn hat. Hat der Mann ohne Eigenschaften jemanden ohne gültiges Ticket gefischt, muss sich der Delinquent ausweisen (mit Personalausweis oder Führerschein). Die Personendaten werden in die Retro-Box eingetippt, die dann den Feststellungsbeleg auf Thermopapier herauswürgt. Dort steht, dass man unartig war und zu welchem Zeitpunkt.

Die Schwarzfahrergebühr von 40 Euro (in Berlin und Umland) muss innerhalb der nächsten Tage überwiesen werden, ansonsten treiben anonyme Inkassounternehmen – die Feldjäger des ÖPV – das Schutzgeld ein. Dass die Kontrolleure eine Fang-Prämie erhalten, wird von der Deutschen Bahn fleißig dementiert.[173]

Neben den hektischen Ticketsuchern gibt es Fahrgäste, die die Langsamkeit neu erfinden: Sie lassen sich außergewöhnlich viel

Zeit beim Kramen nach dem Fahrschein, sind dabei ganz lässig, vermutlich, um die Kontrolleure zu ärgern oder um potenziellen Schwarzfahrern Aufschub bis zur nächsten Station zu gewähren. Ein herrliches Wechselspiel um Macht und Widerstand.

Menschen aus anderen Kulturkreisen fänden dieses Ritual der Fahrkartenkontrolle wahrscheinlich höchst mysteriös. Vielleicht würden sie die Szene als Stammeszeremonie wahrnehmen und interpretieren:

Ein Mann (ein Medizinmann?) geht von Mensch zu Mensch (möglicherweise Stammesmitglieder, die Rat suchen?) und hält ihnen ein weißes Kärtchen entgegen (wahrscheinlich mit einem Zauberspruch). Die Stammesmitglieder erwidern diese Handlung, indem sie dem Medizinmann ein anderes buntes Kärtchen entgegenhalten (eine Opfergabe?). Unverständlicherweise verweilt der Medizinmann bei einigen Stammesmitgliedern länger, starrt auf ihre bunten Kärtchen, vermutlich, weil die Ratsuchenden besonders krank sind. Bei anderen Stammesmitgliedern geht der Medizinmann schnell vorbei. Nur manche machen einen besonders traurigen Eindruck. Bei diesen verweilt der Medizinmann länger, und sie reichen ihm ein weiteres Kärtchen mit ihrem Bild, das vermutlich mit bösem Zauber belegt ist. Der Medizinmann gibt ihnen dafür einen kleinen Zettel, um den bösen Zauber zu vertreiben.

Freundliche und zickige Kontrolleure habe ich erlebt, ebenso geständige und uneinsichtige Schwarzfahrer beobachtet. Mit den Ausreden, die sich die Kontrollettis jeden Tag anhören müssen, könnten ganze Bibliotheken gefüllt werden.

Berufsmäßige Schwarzfahrer können sich im Internet Grundwissen aneignen und einen "Schwarzfahrplan Berlin" einsehen, der Hinweise liefert, zwischen welchen Stationen und zu welchen Zeiten die meisten Kontrollen stattfinden (siehe Blog von LarryLuca[174]). Berlin zählte 2008 deutschlandweit die meisten Schwarzfahrer (in absoluten Zahlen). Bei Kontrollen konnten in Berlin drei bis vier Prozent der Fahrgäste keinen gültigen Fahrschein vorzeigen.[175] Relativ gesehen ist jedoch Hannover die Hauptstadt der Schwarzfahrer.[176]

Jeder langjährige Bahnnutzer kann seine eigene Geschichte erzählen, bei der er Zeuge oder Zielperson einer Kontrolle war. Bei mir ist es die Geschichte vom Schwarzfahrer, der keiner sein wollte:

Schon seit fünf Jahren nutzte ich brav meine Monatskarte, um zwischen Wohnort und Arbeitsstelle zu pendeln; auch an diesem kalten Tag, an dem eine Fahrkartenkontrolle stattfand. Es sah nach Routine für mich aus, bis ich merkte, dass ich mein Monatsticket nicht dabeihatte. Adrenalin in den Adern, Herzklopfen hinter der Brust, Pupillen wie Stecknadelköpfe und beginnende Transpiration in den Achseln. Als der Kontrolleur sah, kam und prüfte, sparte ich mir große Erklärungen, weil ich weiß, dass die 'Schnappis' täglich ein breites Spektrum an Ausreden hören. Daher nahm ich den Feststellungsbeleg, auf dem stand, dass ich "ein erhöhtes Beförderungsentgelt" zu bezahlen hätte, mit preußischem Gehorsam entgegen.

Gleich am nächsten Tag wollte ich beim "Büro für das erhöhte Beförderungsentgelt" (es heißt tatsächlich so) meine vergessene Monatskarte vorzeigen, um die Schwarzfahrergebühr von 40 auf sieben Euro zu verringern. Leider musste ich feststellen, dass mein Monatsticket für Februar nicht nur vergessen worden, sondern gleich ganz verloren gegangen war. Also ging dieser Plan nicht auf.

"Na ja", dachte ich, "Einmal ohne Ticket = 40 Euro in fünf Jahren ist akzeptabel und macht nur acht Euro pro Jahr, entspricht jährlich also einem Döner und einem Hefeweizen. Das geht noch."

Das Monatsende war drei Tage entfernt und für diese drei Tage kaufte ich mir sechs Einzelfahrscheine für Hin- und Rückfahrt im Voraus. Im kommenden Monat würde ja meine Monatskarte für März wirksam werden.

Doch die Macht der Gewohnheit wollte es, dass ich am übernächsten Morgen meinen Einzelfahrschein nicht abstempelte, weil ich wegen meiner Monatskarten diesen Stempel-Vorgang niemals durchführen musste. Ich dachte einfach nicht daran, war Gefangener meiner langjährigen Routine und unabsichtlich erneut schwarz unterwegs! Und schon wieder eine Fahrkartenkontrolle!

Ein Erinnerungsblitz durchzuckte mein bräsiges Großhirn: Vergessen zu stempeln! Adrenalin, Herzkasper, Transpiration. Aus lauter Verzweiflung erzählte ich dem Kontrolleur dieses Mal meine Geschichte, der sie jedoch lächelnd ignorierte wie ein erfahrener Nervenarzt und wiederum erhöhtes Beförderungsentgelt in Rechnung stellte.

Diese zweiten 40 Euro trieben mich nicht in den finanziellen Ruin, aber ich und mein Immunsystem ärgerten sich darüber dermaßen 'schwarz', dass ich die darauf folgende Woche krank wurde. Die Erkältungsviren hatten – schon wieder – ein leichtes Spiel. Seitdem treibt mir jede Fahrkartenkontrolle Angstschweiß auf die Stirn und ich checke bei Fahrantritt zweimal, ob ich mein Ticket dabeihabe.

Der Ehrliche ist auch manchmal der Dumme. Und eben dies kritisiert der Fahrgastverband Pro Bahn, denn manchmal erwischt es brave Reisende, bei denen z.B. der Ticketautomat tatsächlich nicht funktionierte. Diese Fahrgäste werden unschuldig belangt, werden registriert (in Datenbanken), und der Stempel 'Schwarzfahrer' bleibt haften.[177] Wahrscheinlich werden diese Einträge niemals aus den Datenbanken der Betreiber gelöscht. Einmal schwarz, immer schwarz.

Touri-Twister

Was wäre der öffentliche Nahverkehr ohne Touristen? Öd', leer und ohne Welcome-Ticket[*]. Der Tourist ist daher nicht ein wirkliches Ärgernis; er spült Geld in die Kasse der Bahn, der Taxen, der Gaststätten und der öffentlichen Toiletten. Außerdem reist der Städtetourist meist ökologisch korrekt per Bahn und verstopft die Straßen nicht.

Die typischen Upperclass-Touristen, ausnahmsweise einmal mit dem Pöbel in der Bahn reisend, tragen im Sommer ein langärmeliges Shirt lässig über die Schultern baumelnd. Dieses Shirt wird in weiser Voraussicht mitgeführt, um in den späteren Abendstunden Schutz vor der nächtlichen Frische zu bieten. Heuchlerisch loben die Upperclass-Touristen das gut ausgebaute Bahnnetz, wohl wissend, dass sie sonst nie mit diesem Verkehrsmittel reisen und jede noch so kurze Strecke mit ihrem Audi-TT zurücklegen.

Die Prolls unter den Touristen lassen sich auch gerne per Schiene kutschieren. Diese Grüppchen fallen durch geschmacklose Kleidung und schlechtes Benehmen auf. Im Rausch der Promille grölen sie ihre Lieder und hinterlassen leere Flaschen und Essensreste. Ein Meer von Ärgernissen für den kultivierten Bahnfahrer.

Je nach Altersklasse haben Touristen Rucksäcke aufgeschnallt und beanspruchen entsprechend viel Platz, wenn sie sich in überfüllten Waggons oder Bahnhöfen bewegen. Berüchtigt ist der 'Touri-Twister', bei dem sich der Ferienreisende zwecks Orientierung mit dem Rucksack einmal um die eigene Achse dreht. Dabei nietet er alles und jeden um, was sich im Wendekreis des Ranzens befindet.

Die Kurzzeitkiezbewohner treten meist in Rudeln auf, schauen desorientiert hin und her, laufen die gleichen Strecken auf dem Bahnhof mehrmals ab, um den richtigen Anschluss zu finden – es ist wie im Hühnerstall. Sie starren länger als der Gewohnheitsberliner auf den Netzplan, um im Bahn-Dickicht ihren Standort zu bestimmen und die Reiseroute anzupassen. Die Glücklicheren unter den Rudelreisenden haben einen ortskundigen Scout dabei,

---

[*] "Welcome-Tickets" sind kleine Pauschalangebote in einigen Städten (z.B. Berlin oder Aachen), mit denen Touristen ihr Urlaubziel per Bus und Bahn erkunden können.

der ihnen Fragen und Antworten in gebrochenem Englisch erspart.

Stolpert ein Tourist orientierungslos durch den Bahnhof, biete ich Hilfe an. Schließlich danken sie es einem, wenn ihnen die Route mit dem Finger auf der Karte gezeigt wird, auf der die Stationsnamen gut lesbar sind, deren Aussprache für Nicht-Deutsche schwer verständlich ist, z. B. die Berliner Station "Mendelssohn-Bartholdy-Park". Lesen ist für den Touristen grundsätzlich einfacher, als genuschelte Stationsnamen aus dem Mund eines Hauptstadt-Eingeborenen zu verstehen: "Dit is derbe einfach: da steigste am Alex um in die 8, die dir am Kotti abliefert."

Springe ich einem Touri bei, hat das viele Vorteile: Ich kann…
- Menschen helfen und fühle mich selber gut danach,
- das Image der Deutschen bzw. der Berliner aufpolieren (schließlich bin ich in dieser Situation ein Repräsentant des Landes bzw. der Stadt),
- meinen geographischen und kulturellen Horizont erweitern,
- meine Fremdsprachenkenntnisse testen und
- langweilige Wartezeit verkürzen.

Unterirdisches Personal:
Prügelknaben und Sicherheitsdienste

Idioten machen einem das Leben schwer, auch beim Bahnfahren. Schlimm ist die Kategorie 'Stressmacher', die meist aus männlichen Jugendlichen mit hohem Aggressionspotenzial besteht. Sie randalieren in der Bahn, und die Schäden müssen wir mit unserem Ticket anteilig bezahlen. Die Klöppel fahren wahrscheinlich ticketfrei mit. Schönen Dank!

Ihre Zerstörungswut macht auch vor Menschen nicht Halt, die Beispiele sind zahlreich. Im Jahr 2007 schlugen in der Münchner U-Bahn zwei Jugendliche auf einen 76-jährigen Rentner ein und verletzten ihn dabei lebensgefährlich, nur weil er einen von ihnen aufgefordert hatte, seine Zigarette in der U-Bahn auszumachen. Zwei Jahre später bedrohten zwei Jugendliche eine Gruppe Kinder auf einem Münchner S-Bahnhof. Ein mutiger 50-jähriger Mann zeigte Zivilcourage, ging dazwischen und wurde zu Tode geprügelt.[178]

Leider wurde in diesen Fällen die Zivilcourage nicht belohnt, sondern bestraft. Doch es gibt Mittel und Wege, beherzt aufzutreten, ohne Schaden zu nehmen. Ein Ratgeber der Busse & Bahnen NRW empfiehlt in brenzligen Situationen ein vorsichtiges, bedachtsames Einmischen mit Arbeitsteilung:[179]

- Alarmieren Sie schnell die Polizei mit dem kostenlosen Notruf 110.
- Fordern Sie umstehende Personen aktiv und direkt zur Mithilfe auf.
- Helfen Sie, ohne sich selbst in Gefahr zu bringen: Ein lautes Wort kann den Täter bereits einschüchtern, aber duzen Sie ihn nicht!
- Kümmern Sie sich um das Opfer und alarmieren Sie schnell den Rettungsdienst.
- Beobachten Sie die Szene genau und prägen Sie sich Tätermerkmale ein, die später zur Festnahme beitragen können. Nutzen Sie diskret die Film- und Fotofunktion des Handys.
- Stellen Sie sich als Zeuge zur Verfügung, denn viele Täter kommen ohne Strafe davon, weil sich keine Zeugen melden.

Mischt sich niemand ein, werden Menschen oft hemmungslos zusammengeschlagen. Allein Anfang 2011 berichteten Berliner

Zeitungen im Monatstakt von Gewalttaten in U-Bahnhöfen: Im Februar landete ein 30-jähriger Mann im Koma, im März wurde ein 23-Jähriger krankenhausreif geprügelt, im April wurde jemand bis zur Bewusstlosigkeit getreten, und im Mai erlitt ein 29-Jähriger schwere Verletzungen am Auge.[180]

Aufgrund dieser zahlreichen Vorfälle präsentierte der "Berliner Kurier" in dem Artikel "Die Angst fährt mit" basierend auf einem Polizeibericht die Hitliste der gefährlichsten U-Bahnhöfe Berlins. Demnach fanden im Jahr 2010 an den Stationen Alexanderplatz mit 79, Kottbusser Tor mit 50 und Zoologischer Garten mit 47 die meisten Gewalttaten statt.

Die Berliner Verkehrsbetriebe reagierten auf die Situation und stockten das Sicherheitspersonal auf, zuletzt im Juli 2011 von 170 auf 210 'Schutzmänner'. Ökonomische Hintergedanken waren bei dieser Personalaufrüstung nicht ausgeschlossen, denn die Sicherheitskräfte sollten – laut der "BZ Online" – "künftig parallel zu ihrer Streifentätigkeit auch die Fahrscheine der Fahrgäste kontrollieren"[181].

Die Sicherheitskräfte auf Bahnhöfen und in Bahnen sind kaum zu übersehen: Sie tragen gestriegelte Uniformen mit Barett und festem Schuhwerk. Ihre Ausstattung mit Funkgeräten, Multifunktionstaschen und manchmal auch Knüppeln signalisiert, "dass durchgegriffen werden kann und dass eine Bereitschaft zur Kommunikation mit zusätzlichen Sicherheitskräften gegeben ist"[182].

Allerdings dürfen die fahrenden Türsteher kaum eingreifen: "Anders als Polizeibeamte haben die Angestellten mit den roten Schirmmützen nur ein sogenanntes Haus- und Jedermannsrecht, dürfen also keine Personalien kontrollieren oder Platzverweise erteilen. Nur in akuten Gefahrensituationen dürfen sie sich und andere in Notwehr verteidigen, Täter festnehmen und auf die Polizei warten", schreibt Katharina Fuhrin im "Merkur Online"[183].

Dahingegen patrouillieren auf manchen Bahnhöfen auch Beamte der Bundespolizei[184] in einer "Ordnungspartnerschaft" mit den privaten Sicherheitsdiensten der Deutschen Bahn. Die Bundespolizei darf ihre gesetzlich festgelegten Befugnisse durchsetzen und z. B. eingreifen bei Gefahr im Verzug bei Straftatbeständen.[185]

Irgendwie überkommt mich eine seltsame, befremdliche Anwandlung, wenn die privaten Sicherheitskräfte in der Bahn mitfahren. Ich fühle mich durch den betont militärischen Kleidungsstil bedroht, was paradox ist, weil die Patrouillen eigentlich ein Sicherheitsgefühl vermitteln sollten. Zudem erwecken die uniformierten Herren und Damen bei mir etwas Mitleid, haben sie doch einen gering bezahlten und eigentlich langweiligen Beruf, weil sie immer wieder die gleichen Stationen abklappern; vermutlich 'passiert' nur selten etwas. Zudem erfahren sie keinen Respekt von ihren Schützlingen, sondern eher Nicht-Beachtung. Nur manchmal werden sie von orientierungslosen Touristen angesprochen und übernehmen dann sichtlich ungern die Rolle des wegrationierten Bahnstationsvorstehers.

So bleibt ein unangenehmer Beigeschmack, wenn ich die geschniegelten Sicherheitsleute erblicke: Einerseits fühle ich mich nicht ganz wohl in ihrer Gegenwart, andererseits erkenne ich an, dass ihre Anwesenheit in Bahn und Hof schon das eine oder andere Delikt im Keim erstickt hat. Es ist wie mit einer Versicherung, die solange lästig ist, bis wirklich einmal der Schadensfall eintritt.

Lederfreunde mit buntem Wollschal

Fußball-Weltmeisterschaft im Juni 2010. Deutschland gewinnt 4:1 gegen eine "ideenlose englische Mannschaft" (so der ewig nörgelnde Fußball-Experte Günter Netzer). Noch ideenloser – dafür umso betrunkener – zeigten sich einige männliche Fans, die von der Fanmeile im Berliner Mittelfeld mit der S-Bahn wieder zurück in die Provinz pilgerten.

Eines vorab: Die meisten Fans benahmen sich in der Bahn anständig. Aber eine Hand voll grölender Proleten mit Knast-Tattoos auf ihren bloßen Oberkörpern machte Lärm und belästigte Mitreisende. Wir hatten das Spiel ebenfalls bei Freunden geguckt – mit Frau und kleiner Tochter – und wir befanden uns auf dem Heimweg per S-Bahn. Meine beiden Damen waren durch die dröhnenden Deppen sichtlich geängstigt, schauten irritiert weg, um deren Aufmerksamkeit nicht auf sich zu lenken. Mich erfreute die Situation auch nicht, konnte doch eine Konfrontation eintreten, sollten die Fans meine Goldstücke belästigen und ein Einschreiten erforderlich machen.

Bei jedem Halt der Bahn taumelten die Schwachomaten kurz auf den Bahnsteig, riefen ein paar Siegesreime und sprangen dann wieder in die Bahn. Dummen-Remmidemmi. Zu der befürchteten Konfrontation kam es zum Glück nicht, aber es blieb trotzdem ein bitterer Rückfahrtsgeschmack übrig.

Die Deutsche Bahn AG hat Fußballfans als Zielgruppe erkannt und umwirbt sie fleißig auf ihrer Homepage.[186] Dabei muss es sich um eine Hass-Liebe handeln: Einerseits sind die Fans als Kunden begehrt, weil sie häufig zu entfernten Städten und Stadien reisen, um ihre Helden spielen zu sehen. Andererseits ist bekannt, dass sie bereits die Hinfahrt effizient zum Vorglühen nutzen, etwaige Nebenwirkungen für die Bahn inbegriffen: Müll, Erbrochenes oder Schlägereien. Wenn dann noch Mitreisende ernsthaft beleidigt oder verletzt werden, hört der Spaß auf und die Berichterstattung der Zeitungen beginnt.[187]

Die Gewerkschaft der Polizei fordert ein Alkoholverbot in der Bahn, das leider auch die gezügelten Fans und Mitreisenden treffen würde.[188] Grundsätzlich leiden Polizeibeamte schon seit Längerem, wenn sie die Transporte der Menschenmassen an Bahnknotenpunkten bewachen dürfen und sich Unflätiges von den Bengeln mit den bunten Wollschals anhören müssen. Dass der Steuerzahler diese Polizisten bezahlen muss, weil Fußball-Freaks heftig abfeiern und randalieren, ist ein politisches Eigentor.

Doch einmal erlebte ich auf dem S-Bahnhof Hennigsdorf eine Oase der Situationskomik am einem Samstagnachmittag. Der Schlachtruf einiger Hertha-Fans gegenüber den Polizisten lautete (zur Beatlesmelodie von "Yellow Submarine"): "Gebt den Bullen das Wochenende frei! Hey! Wochenende frei! Hey! Wochenende frei!" Auf den Gesichtern der Schutzmänner und –frauen keimte ein zartes Grinsen. Da waren Fans und Ordnungshüter der gleichen Meinung.

Der Zugführer, das unbekannte Wesen

Man sieht sie selten, man riecht sie nicht, man hört nur ihre Stimme aus den krächzenden Lautsprechern (s. Seite 27ff.). Sie sind auch kein Ärgernis – außer bei einem Streik. Gemeint sind Zugführer und Zugführerinnen, die anonymen Wesen.

Der gewöhnliche Fahrgast begegnet dem Zugführer* selten. Fährt ein Fernzug in den Bahnhof ein, lugt der geheimnisvolle Geselle manchmal aus dem Fenster. Im Nahverkehr zeigt er sich an einer Endstation, wenn er aus seinem Fahrerkämmerlein aussteigt und z.B. zum anderen Ende der S-Bahn schlendert, um 20 Minuten später die Rückfahrt anzutreten.

Manchmal bedanke ich mich zu solchen Gelegenheiten beim entgegenkommenden Zugführer für das Fahren. Nur die wenigsten akzeptieren den Dank. Die meisten halten mich für einen gestörten Fahrgast, einen Freak – kein Wunder in einer Großstadt, wo seltsame Menschen zur Tagesordnung gehören. Doch seltsamer ist das: Man bedankt sich bei vielen Menschen für ihre Dienstleistung – bei der Kassiererin im Supermarkt, bei der Klofrau an der Raststätte oder beim Taxifahrer. Aber nicht beim Zugführer.

Das kommt vielleicht daher, dass der Bahnnutzer ihm fast nie direkt begegnet, weil er seine Tätigkeit alleine in seinem Kabuff verrichtet. Logisch, dass sich dieser berufsmäßige Einsiedler veräppelt fühlt, wenn sich dann doch mal ein Reisender bedankt.

Ähnlich verhält es sich mit dem Busfahrer: Er sitzt zwar nicht Fahrgast-abgeschottet in seiner Kanzel wie der Zugführer, sondern hat Blick- und Zahlungskontakt zu seiner Fracht. Doch er erntet genauso wenig Dank wie sein zuglenkender Kollege.

Anonym und trotzdem wichtig: Ohne die steuernden Menschen stünden alle Räder still. Sie spielen ganz vorne mit. Ihre Anwesenheit honoriert der Reisende erst, wenn sie abwesend sind und das Chaos unter den Berufspendlern ausbricht, z.B. beim Streik der Lokführer im Frühjahr 2008.

Es ist wie mit der Gesundheit: Man schätzt sie erst, wenn man krank wird. Dass der durchschnittliche Bahnfahrer vom Zugführer, dem er täglich aufs Neue seine eigene körperliche Unversehrtheit anvertraut, so wenig wahrnimmt, zeigt auch, dass dieser seine Arbeit gut macht. Hoch seien die Zugführer gelobt für ihren

---

* Die weiblichen Fahrgäste mögen entschuldigen, dass ich zur besseren Lesbarkeit die männliche Beugung der Wörter verwende. Natürlich gelten alle Benennungen von Personen wie Zugführer, Mitreisender, Prügelknabe etc. auch für Frauen.

Dienst am Kopfe der Bahnen, durch den sie Straßen, Umwelt und Berufspendler entlasten.

Vereinigung anonymer Mitreisender

Keine Spur von zwischenmenschlichen Beziehungen – eine Welt voller Individualisten. Hier fährt jeder für sich.[189]

Seit einigen Jahren pendele ich per S-Bahn zu meinem werktäglichen Wirkungsort. Weil ich morgens konstant kurz nach acht abfahre, sehe ich immer wieder dieselben Mitreisenden, dieselben vertrauten Fremden. Täglich verbringe ich Zeit mit ihnen in dem rollenden Käfig und weiß nicht, wer sie sind, welchem Beruf sie nachgehen und welchen Leidenschaften sie frönen. Und doch: Man kennt einander, ohne sich jemals einen 'Guten Morgen' gewünscht zu haben.

Wie einfach wäre es doch, ins Gespräch zu kommen! Aber dies geschieht heutzutage selten. Es ist eher die Regel, dass kaum geredet wird, und wenn überhaupt, dann nur kurz und oberflächlich.

Bahnreisende praktizieren "höfliche Nichtbeachtung", erklärt Poppitz[190]. Warum ist das so? Vielleicht, weil der Bahnreisende die Anonymität auch genießen kann (s. Seite 139). Vielleicht auch, weil er zu schüchtern ist, aus diesem Verhaltensmuster auszubrechen?

Auf meine Weise wirke ich der Anonymität entgegen, indem ich den fremden Mitreisenden Spitznamen gebe. Einigen davon sind wir bereits begegnet, z.B. Motzglatze. Andere Kandidaten sind:

- Brandenburg-Travolta: Er war ein stets gut gelaunter Bewohner der S-Bahn-Sphäre und erinnerte äußerlich an den amerikanischen Schauspieler John Travolta ("Pulp Fiction"), garniert mit einer Duftnote von brandenburgischem Prollfaktor. Er las häufig die "WELT kompakt", wenn er nicht gerade neben seinem Kumpel 'Riesenbaby' saß.
- Riesenbaby: Er war groß und kräftig, hatte aber ein kindliches Gesicht und ein ebensolches Gemüt. Riesenbaby und Brandenburg-Travolta unterhielten sich meistens über Unterhaltungselektronik, also über alles, was große Jungs so begeistert.
- Triene: Sie war nicht unattraktiv, aber immer öko-mäßig gekleidet und döste stets lethargisch während der Fahrt; manchmal

wurde sie von einem Mann begleitet und lachte dann krächzend – und ganz koffein-wach – über seine Mätzchen.

- Sportsocke: Ein skurriler, zopftragender Mittdreißiger, dessen Outfit aus Schlabberrucksack, Trainingshose, Turnschuhen und eben Sportsocken bestand. Letztere waren die beständigste Komponente seiner Garderobe – hier wechselte nur die Farbe der Ringel.

- FTD-Zicke: Sie stieg stets nach zehn Minuten Fahrtzeit ein: weiblich, ledig, Ende dreißig, streng-elegantes Outfit und garantierter beruflicher Erfolg, weil schlau. Ihre morgendliche Standardlektüre war die lachsfarbene "Financial Times Deutschland" (FTD). Sie besaß die Gewohnheit, die ausgelesenen Zeitungsteile auf den benachbarten Sitzen auszubreiten, anstatt diese Plätze sichtbar frei für ihre Mitreisenden zu lassen, ähnlich wie Michelle mit ihrem Handtäschlein (s. Seite 47). Die anderen Fahrgäste mussten unterwürfig nach dem Sitzplatz fragen.

Auch Anne Burmester frönt dieser Leidenschaft der Scherznamen: Der Rosinen-Mann, Lalula, der Alki, Friedrich & Friedrich, Mister X, die mit der krummen Nase, der kleine Dicke mit dem Watschelgang, die Trulla, die 'Freundin', der Nörgler, der kleine Spanier, der Hektiker, der Eklige mit dem viereckigen Kopf und das Schweinchengesicht[191] – so lauten einige ihrer kreativsten Namensgebungen. Und wie heißen Ihre Bahnlieblinge? Heben Sie dazu bitte jetzt unauffällig den Blick vom Buch, schauen Sie versunken umher und erfinden Sie Scherznamen für mindestens drei Fahrgäste in ihrer Nähe. Ihre Schmunzelmuskeln werden es Ihnen danken.

Bahnreisen in der Anonymität ist nichts Ungewöhnliches und eher der Regelfall. Jeden Tag fahren Bahnen kreuz und quer durch Städte und Regionen und die Passagiere arrangieren sich damit, dass sie Fremde unter Fremden sind. Jeder beschäftigt sich mit sich selbst, fummelt an seinem Handy, steckt die Nase in sein Buch oder rollt einen Popel bis zur kugelrunden Perfektion.

Im städtischen Leben ist es normal, dass der Mensch im Alltag hauptsächlich von Fremden umgeben ist: im Supermarkt, auf dem Amt, im Lift oder in der Bahn. Ebenso ist es normal, dass Unterhaltungen mit Fremden selten oder nur im Ausnahmefall stattfinden.* Der Soziologe Armin Nassehi geht sogar noch einen Schritt weiter und argumentiert, dass Indifferenz und Anonymität Vorteile für Stadtbewohner bieten und wichtige gesellschaftliche Ressourcen sind: "In Städten gelingt es, Hunderten von Fremden zu begegnen und niemanden von ihnen bedrohlich zu finden. Nur in Städten kann man wirklich allein sein – weil so viele andere da sind. Nur in Städten bleibt man unbeobachtet – weil der andere eben ein Fremder ist."[192]

Dies bedeutet nicht, dass vertraute Beziehungen zu Familie und Freunden keinen Wert mehr hätten, sondern vielmehr, dass ihnen eine größere Bedeutung in der zunehmend anonymisierten Gesellschaft zukommt. Letztere geht nämlich auch mit Einsamkeit einher, und die wird daheim neutralisiert: Abends, nach der Rückreise vom Job, freue ich mich auf mein Zuhause, wo ich die Fremden von Stadt und Bahn (ja: auch Sie!) vergessen kann.

Die Anonymität ist kein Allheilmittel, sie hat auch Nebenwirkungen: "Je größer die Anonymität, desto schlechter das Benehmen in der Gesellschaft", folgert der Sozialpsychologe Rolf van Dick aus seinen Untersuchungen.[193] Vielleicht gibt es einen Zusammenhang zwischen städtischer Anonymität und Übergriffen auf Menschen in Bahn und Bahnhof?

Trotz dieser Seiteneffekte ist Anonymität in der Bahn eher ein Trumpf als ein Ärgernis. Mit ihr (Bahn und Anonymität) kann ich in Ruhe und ohne Bedrohung in meiner Lieblingslektüre schmökern, Musik hören oder dösen.

Soziale Gemeinschaften wie die Bahnfahrer sind flexibel. Sie können in Ausnahmesituationen zusammenrücken und dadurch die Anonymität kurzfristig aufheben.

Dass dies tatsächlich zutrifft, beobachtete ich im Juli 2009, als in Berlin das S-Bahn Chaos tobte†. Die einander fremden Mitreisenden nahmen in verstärktem Maße zueinander Kontakt auf, weil sie ein gemeinsames Anliegen hatten und es Informationsbedarf gab:

---

* Auf dem Ländle ist dies immer noch anders: Versuchen Sie da mal, als Fremder unangequatscht und unangeglotzt durchs Dörfchen zu gehen …

† Ursache des Chaos: Weil die S-Bahn Berlin den geforderten Sicherheitsprüfungen des Eisenbahn-Bundesamts nicht nachkam, wurde ein Großteil der nicht geprüften Züge außer Betrieb genommen, was zu massiven Einschränkungen im gesamten Berliner S-Bahn-Verkehr führte.

Bis wohin fährt die Bahn? Wann geht sie wieder? Werden Köpfe beim Management rollen oder gibt es Bauernopfer? Auch wenn der Kontakt oberflächlich erschien, so hatte die fremde Bekanntheit doch eine wärmende Wirkung.

Angela Poppitz hat die Kraft des kollektiven Gefüges ebenso beobachtet:"… der nächste Mitreisende [ist] das beste Medium, um Ängste, Sorgen und Ärgernisse zu teilen und es bilden sich kleine Kollektive aus reisenden Individualisten, die plötzlich vor einem gemeinsamen Problem stehen. […] Die Mehrheit der Reisenden rückt, bildlich gesprochen, näher zusammen, tauscht sich aus, um so die entstandene Situation gemeinsam besser zu meistern"[194].

Während der Chaos-Tage der Berliner S-Bahn fiel auf, dass es rasch einen Abnutzungseffekt des kollektiven Zusammenrückens gab: Nach einigen Tagen kannten die Pendler ihre neue Zeiten und Routen. Chaos wurde zum Normalfall. Später kehrten die vertraute Routine und bekannte Fremdheit zurück.

Aber es blieb eine Kleinigkeit hängen: Den einen oder anderen Leidensgenossen, mit dem ich mich während des Chaos' austausche, grüße ich jetzt immer noch in der Bahn.

Tierisch abgefahren

Tiere sind auch Fahrgäste. Die S-Bahn als Unternehmen nimmt den besten Freund des Menschen ernst – so ernst sogar, dass ein eigenes Regelwerk die Mitnahme und Tarife für Hunde festlegt:[195] Wuffi braucht einen "Einzelfahrausweis des Ermäßigungstarifs". Die S-Bahn Berlin verlangt nichts für Blindenhunde. Ebenso dürfen kleine Kläffer in "geeigneten Behältnissen gemäß Teil A, §12 Absatz 2 Satz 1" umsonst reisen, wie es die Beförderungsbedingungen in feinstem Juristendeutsch verkünden.

Hunde in U- oder S-Bahn sind in der Mehrheit knuddelig, brav und überhaupt nicht gefährlich. Dann gibt es aber auch Situationen, in denen ich mich erschrecke, weil sich zwei Hunde begegnen und dabei nicht gerade Höflichkeiten austauschen. Das laute Kläffkonzert verängstigt nicht nur mich, sondern auch kleine Kinder und beschert ihnen eine ungewollte Adrenalindusche.

Um Übergriffe von Hunden auf Menschen in der Bahn zu verhindern, sind Hundehalter seit 2010 in Berliner Bussen und Bahnen verpflichtet, ihren Lieblingen Maulkörbe anzulegen[196], egal ob mauskleiner Chihuahua oder mannsgroße Dogge. Eine harsche Maßnahme in den Augen von Hundehaltern (die Hunde selber haben sich noch nicht geäußert). Dennoch ist der Maulkorb bei manch fiesem Köter durchaus beruhigend, vor allem, wenn Kinder in der Bahn reisen. Vielleicht sollte man zwielichtigen Herrchen auch einen Maulkorb verpassen? "Wie der Herr, so's Gescherr", sagt der Volksmund.

"Ob ein Hund gefährlich ist oder nicht, hängt in erster Linie vom Hundehalter ab und nicht von der Rasse, zu der er gehört", ergab eine Umfrage der Tierärztin Ricarda Häuser von der Freien Universität Berlin, bei der eintausend Berliner zu Einstellung und Ängsten gegenüber Hunden befragt wurden.[197] Wenn Herrchen oder Frauchen etwas seltsam erscheinen, dann ergreife ich lieber Vorsichtsmaßnahmen und suche einen anderen, weiter entfernten Sitzplatz.

Dass die Vierbeiner regelmäßig einen *Haufen* Arbeit hinterlassen, weiß jedes Kind. Für Berlin mit annähernd 150.000 Hunden resultiert dies angeblich in 50 Tonnen Kot täglich[198] (zum Vergleich: die 3,5 Millionen Berliner koten täglich 517 Tonnen men[199]). Doch um Hundeexkremente in der U-Bahn musste ich glücklicherweise noch keinen Bogen machen, geschweige denn, die Sch…miere aus dem Profil meiner Schuhe kratzen. Herrchen und Hasso sind wohl bahnstubenrein.

Monetäre Ärgernisse:
Die Bahn will unser Bestes

Geld ist ein guter Soldat, mein Herr, und macht sich Bahn.
(William Shakespeare)

Saupreiß

Eine Ironie des täglichen Pendelns zur Arbeit ist, dass ein Teil des Lohns in die Tickets für ebendiese Fahrt versickert.

Für ein Billett muss ich drei Euro berappen, um damit in das Herz von Berlin reisen zu dürfen. Eine Tageskarte kostet 6,80 Euro, das Monatsticket 91 Euro. Das klingt erst mal happig. Doch all die technische und personelle Infrastruktur will finanziert werden: Energie, Material, Personal und Dienstleistungen.

Die Preise für Bahntickets sind in den letzten 60 Jahren kontinuierlich gestiegen, wie die Internetseite vom Fahrgastverband Pro Bahn beweist.[200] Allerdings hat sich auch der Komfort – über einen längeren Zeitraum betrachtet – stetig verbessert. Doch bei allem Verständnis für betriebswirtschaftliche Zusammenhänge – Preiserhöhungen sind für Bahnfahrer einfach ärgerlich.

Im Herbst 2008 hatte die Deutsche Bahn neben diversen Preiserhöhungen auch einen Bedienzuschlag von 2,50 Euro angekündigt, der beim Ticketkauf am Schalter fällig werden sollte.[201] Dieser Beschluss führte zu einer besonderen Entrüstung bei Verbraucherverbänden und Politikern, sodass er knapp zwei Wochen später gekippt wurde.[202] Mittlerweile – wir schreiben das Jahr 2012 – gibt es die Bedienzuschläge wieder. Der Kunde zahlt am Schalter mehr, wenn er Tickets zum Sparpreis (plus 5 Euro) oder ein Wochenendticket (plus 2 Euro) kauft; bei einem 'normalen' Ticketkauf am Schalter wird kein Zuschlag erhoben.[203] Bitte prägen Sie sich diese Details *nicht* ein, denn vielleicht sind diese Informationen bereits veraltet, wenn Sie diese Buchseite umblättern.

Nach der Preiserhöhung ist *vor* der Preiserhöhung: Ich nahm die angekündigte Tariferhöhung für 2011 um durchschnittlich 1,8 Prozent für Fern- und Nahverkehr mit Grollen zur Kenntnis, wie wahrscheinlich jeder Verbraucher; Schuld am gehobenen Preis sind nach Ansicht des Konzernvorstandes mal wieder die deutlich gestiegenen Personalkosten[204]. Warum verschlingt das Personal so viel Geld? Anscheinend kommen diese Hyänen von Bahnangestellten mit ihren benzindurstigen Geländeautos zur Arbeit oder müssen ihre luxuriösen Hobbys mit den üppigen Gehältern finanzieren? Steigen sie wirklich an, wie gebetsmühlenartig wiederholt wird? Mich beschleicht der Unmut, dass zu viele Promille meines Monatstickets in den Boni-Taschen der 'Nieten in Nadelstreifen' versickern.

Es gibt noch ein weiteres Argument für Preiserhöhungen. Allerdings erwähne ich es ungern, weil es meine Hasspredigt gegen die Bahn-Manager unterminiert. Bitte lesen Sie also nicht folgenden Satz, sondern vergewissern sich, ob ihr Zug gerade pünktlich ist. Auch Schwarzfahrer tragen dazu bei, dass ein erheblicher Anteil Geld fehlt: Der deutschlandweite Schaden durch Schwarzfahrer wird (von Lobbyisten) auf 250 Millionen Euro pro Jahr geschätzt. Die Deutsche Bahn veranschlagt für die dunkle Seite der Beförderung jährlich mehr als 100 Millionen. Personalkosten, Manager, Schwarzfahrer, Ölpreise oder ungünstige Mondphasen: Es wäre ein Wunder, blieben die Preise für Tickets stabil, wo doch alles andere teurer wird. Doch während man beim Obst- und Gemüsehändler an der Ecke gelegentlich über Preise und Mengen verhandeln kann, lässt sich am Bahnschalter oder am Ticketautomaten nur schlecht feilschen. Die Preise sind fixiert – bis zur Geburt eines neuen Fahrplans, bei dem das Bahnunternehmen den Reisenden eine neue Preiserhöhung aufzwingt.

Ist denn Autofahren nun günstiger? Der ADAC unterteilt die Autokosten in: Werteverlust, Betriebskosten (z.B. Benzin, Reinigung), Fixkosten (Versicherungen, Kleinzubehör etc.) und Werkstatt-/Reifenkosten. Dabei muss man je nach Marke und Modell zwischen 50 bis 80 Cent pro Kilometer berappen![205]

Aufgrund der verschiedenen Tarife und Verbindungssituationen lassen sich die Kilometer-bezogenen Kosten fürs Bahnfahren schwerer auf einen Preis herunterbrechen. Sie liegen ungefähr zwischen 13 und 20 Cent für Einzelfahrten ohne Preisnachlass.[206]

Bahnfahren ist also günstiger als Autofahren. Dies berichten auch andere Quellen, z.B. die "Welt am Sonntag" in dem Artikel "Die Bahn ist günstiger als das Auto"[207] oder der Verkehrsclub Deutschland in seiner Analyse "Intelligent mobil sein – Verkehrsmittel im Vergleich"[208]. Darüber hinaus lässt sich auf der Internetseite der Deutschen Bahn für jede Verbindung ein "MobilCheck" durchführen, der die Kosten für die Reise mit dem Auto berechnet.

Was könnte man tun, um Geld zu sparen? Der Reisende könnte andere Verkehrsmittel benutzen, die günstiger sind, oder eine Auto-Fahrgemeinschaft bilden. Wenn er einen neuen Arbeitsplatz in Fuß- oder Fahrradnähe bekäme, würde sich dies positiv auf seinen Geldbeutel auswirken. Des Weiteren empfiehlt sich der Beitritt zu einem Fahrgastverband, der die Interessen von Bahnnutzern vertritt, z.B. Pro Bahn, Verkehrsclub Deutschland, Deutscher Bahnkunden-Verband oder Berliner Fahrgastverband IGEB.

Mensch vs. Maschine im Tarif-Dschungel

Für routinierte Bahnfahrer sind Tarife kein Thema, denn sie kennen alle Ecken und Kanten 'ihres Reviers', und können außerdem meist unbesorgt durch die Tarifzonen reisen, weil sie eine Monatskarte oder eine ähnliche Flatrate haben. Wie kompliziert die Tarif-Welt ist, merkt man erst in fremden Städten. Dem Automaten beizubringen, einfach nur ein Ticket vom Bahnhof zur "Hauptwache" oder zur "Wurster Gasse" zu lösen, wird dort zur kniffeligen Aufgabe. Es tauchen viele Fragen auf:
- In welcher Zone oder Wabe liegt meine Zielstation?
- Wieso ist mein Zielbahnhof nicht auf der Liste am Automaten und welche Stationsnummer soll ich eintippen?
- Müssen Kinder ab sechs Jahren Karten lösen und wenn ja, ist der Ermäßigungstarif ausreichend?
- Was bedeutet "ab sechs Jahren", wenn mein Kind 6½ Jahre alt ist?
- Ab wie vielen Personen ist man eine Kleingruppe?
- Wie viele Tickets kaufe ich, wenn ich multiple Persönlichkeiten habe?

In ihrer Bahnfahrer-Typologie merken Reinecke und Zehrer an, "dass das Tarifsystem der Bahn von genialen, aber geistesgestörten Akademikern entwickelt wurde und nur von solchen verstanden werden kann"[209]. Das System des öffentlichen Nahverkehrs in den unterschiedlichen Regionen Deutschlands ist kompliziert und uneinheitlich, beklagt schmunzelnd Tom König im "Spiegel Online"-Artikel "Verloren in der Tarif-Todeszone"[210].

Zu der Kompliziertheit der Tarifsysteme gesellt sich noch eine weitere Herausforderung: Die teils vertrackte Bedienung der Automaten sorgt dafür, dass der Ticketkauf an der Maschine vollends zur intellektuellen Schwerstarbeit wird. Der Soziologe Lars Frers spricht von einer Choreografie mit dem Interface, die von einem Rhythmus aus Warten und Eingeben begleitet wird.[211] Häufig erblickt man Reisende, die verzweifelt an einem Automaten rumwurschteln und sich durch die verschachtelten Menüs quälen. Vor allem ältere Menschen, deren Leben noch nicht mit Internet, Mausklicks und Touchscreens kontaminiert ist, haben dort ihre Schwierigkeiten. Doch selbst der technikbegeisterte Blogger Sascha Lobo hegt seine Zweifel hinsichtlich der Benutzerfreundlichkeit der Geräte: "Sogar diejenigen, die die Fahrkartenautomaten in Berlin programmiert haben, stehen vor den Fahrkartenautomaten in Mannheim oder Hamburg so ratlos wie alle anderen."[212]

Fehlt mir am Automaten der Durchblick, suche ich lieber einen Ticketschalter auf. Dort bedient mich eine nette Dame oder ein netter Herrn und ich kann meine Beförderungswünsche in gesprochenem Wort vortragen, egal ob norddeutscher, sächsischer oder schwäbischer Dialekt. Der Mensch am Schalter versteht das Anliegen auf Anhieb, schlägt eventuell eine bessere Reisemöglichkeit vor und verkauft ein Ticket, das gültig ist und dem Kontrolleur gefallen wird. Natürlich kann seine Empfehlung auch mal danebenliegen, werden uns kleinmütige Stiftung-Warentest-Abonnenten belehren wollen. Ist der Mensch hinterm Ticket-Tresen aber humorvoll, kann der Fahrkartenkauf zum sozialen Ereignis werden und Gesprächsstoff beim familiären Abendessen liefern.

Doch der Kauf am Schalter hat auch seine galligen Seiten:
- Lange Menschenschlangen dehnen die Wartezeit bis ins Unerträgliche. Zeitknappheit ist häufig ein Auslöser von Konflikten unter Wartenden.
- Mysteriöse Wirkungsketten sorgen dafür, dass in größeren Bahnhöfen mehr Schalter geschlossen als geöffnet sind.
- Bearbeitungszeiten blähen sich ins Unendliche auf. Seltsam, dass sich die reiselustige Seniorin gerade zur Hauptverkehrszeit am

Freitagnachmittag beraten lässt, wie sie günstig von Kleinkleckersdorf nach Ulan Bator kommt.

- Eine unfreundliche Schalterschnepfe lässt mich gleich spüren, dass der Kunde bei einem Quasi-Monopolisten wie der Deutschen Bahn *nicht* König ist, sondern in der Wertschöpfungskette ganz unten steht.

Gerade in solchen Momenten des Wartens sehne ich mich wieder nach dem sterilen, hirnlosen Ticketautomaten ohne Menschenschlange und mit programmierter Freundlichkeit, der rund um die Uhr zu Diensten steht. Er weist Senioren ab wie die Lotusblüte Regenwasser.

Lange Schlangen am Ticketschalter und komplizierte Fahrkartenautomaten sind wahrscheinlich ein Grund, warum viele Reisende der Deutschen Bahn immer häufiger ihr Ticket im Internet lösen und ausdrucken. Dies ist bequem, weniger kompliziert als die Automatenbedienung und funktioniert fantastisch gut. Ebenso bemerkenswert: die kostenlose telefonische Fahrplanauskunft der Deutschen Bahn. Zwar muss sich der Kunde unter der 0800-Nummer mit einem unpersönlichen Sprachleitsystem herumschlagen, das ihn zäh durch die Anfragen führt, aber die Spracherkennung funktioniert erstaunlich genau. Voraussetzung ist, dass man sauberes Deutsch spricht, Lolli und Kaugummi aus dem Mund nimmt und Dialekt oder Jugendslang auf das Minimum reduziert.

Alle Arten der Auskunfteinholung und Ticketvermittlung müssen durch den Erwerb von Fahrkarten mitfinanziert werden, einerseits für Gehalt und Ausstattung der menschlichen Verkäufer und andererseits für Entwicklung, Produktion und Reparatur der Automaten, Software oder Server. Wenn die Refinanzierung nicht klappt und eine Finanzierungslücke klafft, dann spannt der Staat seinen Schutzschirm und alle Steuerzahler können für die Dämlichkeiten des Bahnmanagements geradestehen.

Die Summen, die durch Management-Fehler verursacht werden, sind beachtlich: Im Sommer 2009 hat das Debakel um defekte S-Bahnwagen in Berlin etwa 100 Millionen Euro gekostet.[213]

Ein Vorschlag wäre, die Herrschaften im Management eine begrenzte Zeit gegen Software auszutauschen und zu gucken, was passiert bzw. ob es jemandem auffällt. Wieso sollen nur die Angestellten am Ticketschalter durch Automaten und Internet-Portale ersetzt werden und nicht auch die in den höheren Etagen?

Ökobahn

Die Bahn hat eine bessere Ökobilanz als der benzinhungrige Asphaltflitzer (s. Seite 159). So erläutert eine Broschüre der "Allianz pro Schiene e.V.": "Wegen des geringeren Rollwiderstandes der Rad-/Schiene-Technik sind Eisenbahnen dreimal energieeffizienter als Gummireifen auf Asphalt. [...] Die Güterbahn stößt pro transportierter Tonne und Kilometer nur ein Viertel so viel CO_2 aus wie der Lkw. Personenzüge produzieren pro Reisenden und Kilometer nur halb so viel Kohlendioxid wie ein Pkw"[214]. Durchs Bahnfahren wird die Abhängigkeit vom Öl reduziert, zudem werden weniger CO_2 und Rußstoffe produziert. Der Schienenverkehr schädigt das Klima also weniger als der Verkehr mit dem Auto.[215]

Wenn Regierung und Mitbürger mehr auf den Transport per Bahn setzen würden, könnte das unsere Geldbeutel in einer Zukunft schonen, in der Öl unbezahlbar wird. Böse Zungen mögen entgegnen, dass Bahnfahrer Arbeitsplätze in der Autoindustrie gefährden. Dieses Bedrohungsszenario wird gerne von Politikern und automo-philen[*] Lobbyisten heraufbeschworen, wenn der Deutschen liebstes Kind, das Auto, angegriffen wird. Schlachten wollen wir diese heilige Kuh nicht, da sie unverzichtbar ist, aber wir sollten unseren Standortvorteil nutzen, denn Deutschland ist Weltmarktführer in der Bahntechnik[216]. Somit ist das ökologische Reisen per Bahn kein Ärgernis. Ärgerlich ist eher, dass diese ökologischen Vorteile immer noch kleingeredet werden. Einsteigen bitte!

Im Irrgarten der Steuern

Aus ökologischer und ideologischer Hinsicht war es ein Ärgernis, dass das Autofahren zur Arbeitsstelle vor einigen Jahren noch steuerlich subventioniert wurde: Da durften die Autofahrer sog. 'Werbungskosten' für ihren Anfahrtsweg zur Arbeit in voller Höhe veranschlagen. Das wurde Entfernungs-, Pendler- oder Kilometerpauschale genannt ('Pauschale' scheint ein Lieblingsunwort in der komplizierten Welt der Steuern zu sein). Wer damals mit öffentlichen Verkehrsmitteln fuhr, musste sich dagegen mit einer niedrigeren Pauschale zufriedengeben, wer mit dem Drahtesel zur Arbeit radelte, konnte gar keine geltend machen. Welche Volksvertreter hatten damals eigentlich diesen blanken Subventionswahnsinn abgenickt?

Glücklicherweise wurde dieser Missstand 2001 geändert: Jeder Steuerzahler konnte nun pro gefahrenem Kilometer um die dreißig Cent absetzen, egal ob mit Auto, Bus, Bahn[217] oder Überschallflugzeug.

Ab 2007 galt dann eine neue Regelung, nach welcher der Anfahrtsweg erst ab dem 21. Entfernungskilometer abgesetzt werden konnte.[218] Pech für mich, der eine Tür-zu-Tür-Entfernung von 20,7 km zurücklegen musste und den 21. Kilometer nie vollendete. Unklar bleibt, mit welcher grenzdebilen Begründung die absetzwürdige Entfernung auf mindestens 21 km festgelegt wurde.

Inzwischen ist das alles längst wieder Schneepauschale von gestern, denn die neuen Änderungen wurden vom Bundesverfas-

---

[*] -phil, aus dem griechischen: philos = Freund.

sungsgericht 2008 gekippt, und es werden jetzt wieder 30 Cent pro Kilometer angerechnet, egal wie weit und womit.[219] Sollte der gesunde Menschenverstand am Ende doch noch siegen, wie in einem typischen Hollywood-Streifen?

Ehrlicher, durchschaubarer und noch irrsinniger als die Juhu-wir-fahren-mit-dem-Auto-Pauschale ist die größte Subventionsorgie für die Automobilindustrie in der deutschen Geschichte: die Abwrackprämie (auch Umweltprämie genannt). Im Jahr 2009 wurden im Rahmen des 'Konjunkturpakets II' fünf Milliarden Euro von Vater Staat (und dank Mutti Merkel) bereitgestellt. Dieses Päckchen diente dazu, einem willigen Käufer 2.500 Euro zu schenken, wenn er sein altes Auto verschrotten ließ und einen Neuwagen erwarb. Diese Maßnahme sollte die deutsche Fahrzeugflotte erneuern, die Schadstoffbelastung der Luft senken und vor allem der Finanzkrisen-gebeutelten Autoindustrie ein Trostpflaster spenden. Ob diese Ziele erreicht wurden, ist umstritten.

Unstrittig ist, dass die Abwrackprämie an 1.932.929 Antragsteller ausgezahlt wurde.[220] Für diese fünf Milliarden Euro hätte man fünf Millionen Jahrestickets des öffentlichen Nahverkehrs kaufen können.* *Das* wäre eine Prämie für die Umwelt gewesen.

---

* Ein Jahresticket für den öffentlichen Nahverkehr in Berlin kostet ca. 850 Euro. Wir runden auf 1.000 Euro, was deutschlandweit ein realistischer Preis für ein Jahresabo ist, und um die Rechnung zu vereinfachen:
5.000.000.000 € Abwrackprämie ÷ 1.000 € Jahresabo = 5.000.000 Jahresabos.

Organisatorische Ärgernisse:
Sklaven der Schiene

Das Leben des Bahnreisenden hat einige Vorteile und er kann sich gewisse Freiheiten erlauben. Leider muss er sich auch einigen Fremdbestimmungen unterwerfen, die organisatorisch notwendig sind, damit die Verkehrssysteme funktionieren können, z.B. dem Fahrplan.

Taktgefühl

Der Lebensrhythmus eines Pendlers hängt vom Fahrplan ab. Diese Fremdherrschaft ist für einige Menschen ein lästiges Ärgernis, schließlich müssen sie schon am Arbeitsplatz 'kleine Brötchen backen', selbst wenn sie nicht in der Bäckerei arbeiten. Aber letztendlich bleibt dem Bahnreisenden keine Wahl, denn ein rhythmischer Fahrplan ist für alle besser als ein chaotischer.

Neben der Anpassung von Berufsleben und Privatleben an den Fahrplantakt gibt es Klassenunterschiede in der Taktfrequenz: Dies habe ich gespürt, als ich Pendler der niederen Kaste war, weil meine S-Bahn nur alle 20 Minuten durch die Stadt röchelte, während Pendler anderer Strecken den Luxus hatten, im 5- oder 10-Minuten-Takt durch die Metropole zu gleiten.

Auch wenn es nur 10 oder 15 Minuten mehr sind, die ich als benachteiligter Pendler warten muss; sie rauben mir ein gewisses Freiheitsgefühl, weil die Anzahl an möglichen Abfahrtzeiten geringer ist. Zudem muss ich genau diese Minuten länger bei klirrender Kälte am Bahnsteig ausharren, falls ich gerade meinen Anschlusszug verpasst habe.

Neuer Fahrplan, neues Glück?

Der gewöhnliche Bahnkunde hat auf die Gestaltung des Fahrplans keinen Einfluss, denn ausgefeilte Computerprogramme und findige Ingenieure mit dicken Hornbrillen haben diesen im stillen Kämmerlein ausklamüsert. Wenn der Pendler Pech hat, schmelzen Komitees Bahnstrecken ein. Dann wird sein jeweiliges Heimatdorf nicht mehr oder seltener angefahren, weil es in einer strukturschwachen Gegend liegt. Dies bedeutet noch längere Pendelzeiten oder den zwingenden Umstieg aufs Auto. Ein Jobwechsel an einen näher gelegenen Ort kann Abhilfe schaffen – oder aber gar der Schritt in die Selbstständigkeit. Die Katastrophe als Chance bzw. den Fahrplanwechsel als Lebenswechsel begreifen können aber wohl nur wenige.

Die Gefangenen der Aska-Bahn

Wie bereits erwähnt, unterwirft sich der Bahnfahrer gewissen Fremdbestimmungen durch das Verkehrssystem. Beispielsweise kann er während der Reise nicht einfach aus dem Zug aussteigen.

Aus diesen organisatorischen Ärgernissen erwachsen bei manchen Menschen psychische Probleme. Sie reisen ungern mit der Bahn, weil sie sich, ähnlich wie im Flugzeug, in der Stahlröhre gefangen fühlen. Für sie ist es ein Gräuel, nicht aussteigen zu können, wann sie es möchten. Gerade bei Zugstillstand überkommt sie ein unbehagliches Gefühl des Eingesperrtseins.[221] In modernen Zügen wie dem ICE lässt sich nicht mal ein Fenster öffnen, was die Beklemmung einiger Fahrgäste weiter steigert. Wie bei Verspätungen verliert der Fahrgast die Kontrolle und gerät in eine Stresssituation (s. Seite 110).

Für die Angst vor dem Reisen mit der Bahn hat die Fachwelt ein Wort-Monstrum ersonnen, nämlich "Siderodromophobie". Es setzt sich aus drei griechischen Begriffen zusammen: *sideros* für Eisen, *dromos* für Lauf und *phobos* für Angst.

Diese Angst bezieht sich nicht nur auf das Verreisen mit der Bahn, sondern kann auch Züge, Bahnhöfe, Zugpersonal etc. betreffen.[222] Interessant ist der historische Aspekt dieser spezifischen Phobie, den der Psychoanalytiker Wolfgang Schmidbauer folgendermaßen beschreibt: "Solange die Eisenbahn das wichtigste, schnellste und gefährlichste Verkehrsmittel war, gehörte die Siderodromophobie an die Spitze der im Reiseverkehr auftretenden Ängste. Man sah in Wartesälen und Abteilen schwitzende, zitternde, ihre Hand in die Hand Mitreisender krallende Angstkranke, von denen ganz zu schweigen, die lieber zu Hause blieben, als eine Eisenbahnfahrt zu riskieren. Heute beschäftigt sich niemand mehr mit der Eisenbahnangst."[223]

So wiederholt sich die Geschichte immer wieder: Was neu ist, begeistert und verängstigt zugleich. Als die Eisenbahn im 19. Jahrhundert eingeführt wurde, staunten die Reisenden über die Geschwindigkeit, mit der sie nun von einem Ort zum anderen kamen. Doch genauso traten Bedenken auf, z.B. dass die Eisenbahn ein "Teufelsding" sei oder bei den Passagieren eine "geistige Unruhe" hervorrufe.[224]

Heutzutage ist das Reisen mit der Bahn eine Selbstverständlichkeit, obgleich eine besondere Art der geistigen Unruhe bei manchen Fahrgästen immer noch ausgeprägt ist. Manchmal können wir diesen unruhigen Helden dankbar sein, dass sie das Bahnfahren zum Abenteuer machen. Aber meistens würde es besser ohne diese menschlichen Ärgernisse funktionieren.

Hurra, wir fahren Bahn

Die Vorteile liegen auf der Schiene

Hand aufs Ticket: Wenn Hubschrauberfliegen oder Beamen genauso viel kosten würde wie der Bahntransport, wären wir eher flott in der Luft oder als Quantenzustand im Vakuum unterwegs, aber nicht auf dem Gleis. Churchill hat einmal sinngemäß gesagt, dass die Demokratie die schlechteste aller Staatsformen sei, aber es keine bessere gebe.[225] Diese Erkenntnis ist auch auf die Schiene übertragbar: Die Bahn ist ein schlechtes öffentliches Verkehrsmittel, aber es gibt kein besseres.

Trotz aller Ärgernisse, die genug Material für ein Buch wie dieses liefern, halte ich Bahnfahren eine gute Methode zur Raumüberwindung. Es ist simpel: Der Reisewillige braucht keinen Führerschein – nur ein Ticket. Er kann einfach einsteigen; kein Check-in, kein Durchleuchten, kein Datentransfer in die USA, keine Sicherheitseinweisungen wie beim Fliegen. Und ins Röhrchen pusten muss er auch nicht. Aber es gibt noch mehr Gründe, die für das Bahnfahren und gegen das Autofahren sprechen:

Zeit für mich: Die Verantwortung für die Fahrzeugsteuerung wird beim Betreten der Bahn abgegeben und der Reisende kann die "kontrollierte Passivität"[226] genießen. Kostbare Zeit und Aufmerksamkeit darf nun anderen, wertvolleren Dingen geschenkt werden als den Sperenzchen der Kraftfahrzeuglenker auf der Straße.

Sauberkeit: Wo viele Menschen ein- und ausgehen, kann es nicht 100%ig sauber sein. Dennoch sind die Bahnabteile meistens in gutem Zustand, dank der Reinigungsdienste. Man muss sich nicht selbst ums Saubermachen kümmern – anders als beim eigenen Auto, das der Deutsche Michel gerne sonntagvormittags an der Tankstelle begattet.

Pünktlichkeit: Die Bahnen kommen i.d.R. pünktlich an. Gelegentliche Störungen treten auf, aber beim Autofahren gibt es ebenso Unbill, der Pünktlichkeit und Nerven gefährdet: Umleitungen, Baustellen, zähfließender Verkehr, Stop-and-go, Stau, Unfälle, defekte Lichtmaschine, gut gelaunte Radiomoderatoren … Die Liste tendiert gegen unendlich, würde ein Mathematiker verklausulieren.

Beleuchtung: Auch abends lässt sich in der Bahn hervorragend schmökern, denn Licht ist dort keine Mangelware. Im dunklen Auto kann der Beifahrer Gedrucktes nur verspeisen, wenn eine Leselampe die Wörter erleuchtet.

Beheizte Wagen: Die Waggons sind im Winter geheizt. Ein Auto (ohne Standheizung) muss erst mal ein paar Minuten fahren, bis sich sein Mitfahrer Herr Celsius nach oben bewegt.

Platz und Sitzplätze: Wenn die Bahn nicht zu voll und das Modell nicht zu alt ist, sind die Sitzplätze kommod und bieten Beinfreiheit. Ins Auto quält sich der Reisende hinein, sitzt auch nicht viel bequemer und muss sich dazu noch anschnallen.

Komforträume: Welch ein Luxus, an den sich Bahnreisende längst gewöhnt haben: Fern- und Regionalzüge haben Toiletten! Dazu ist in Fernzügen die Versorgung mit Lebensnotwendigem wie beispielsweise Kaffee, Snacks oder ganzen Menüs sichergestellt.

TÜV-los: Jeder Autobesitzer freut sich alle zwei Jahre, wenn die Hauptuntersuchung ansteht. Dann bekommt der Kfz-Mechaniker bunt bedrucktes Papier, auf dass seine Künste die TÜV-Dämonen besänftigen. Das wird in Deutschland seit 1951 gemacht und ist gut so. Die Bahn wird auch regelmäßig gewartet (mal abgesehen von der Nachlässigkeit der Berliner S-Bahn um das Jahr 2010 herum), aber der Reisende muss sich nicht darum kümmern, sondern erkauft sich diesen Luxus mit seinem Ticket.

Knöllchenfreie Zone: Der Bahnnutzer muss sich keine Sorgen machen, wo er die Bahn parken muss. Sie fährt weiter und er kann gehen. Ride-and-go. Mit dem Auto müsste er im Berliner Straßenspaghetti einen Parkplatz suchen, um sein Blechmonster zu deponieren. Fehlendes Kleingeld, verwirrende Schilder und riskante Knauserigkeit bringen gelegentlich ein Knöllchen ein. Bei der Bahn ist das Reisen knöllchenfrei.

Beim Bahnfahren trifft man diese drei As nicht an[227]

Bahnfahrer sind die besseren Menschen

Hut ab vor dem Bahnfahrer! Er bildet sich während der Fahrt, reflektiert über sich selber, muss ein Fuchs auf Schienen sein, reist gesund und ökologisch. Was gibt es Schöneres, als so ein nachhaltig-guter Mensch zu sein?

Mehr Bildung: Der Bahnfahrer erweitert während der Reise seinen Horizont, indem er Zeitung, Buch oder Fachartikel liest. Notizzettel oder Laptop ermöglichen schon eine Bearbeitung des geschriebenen Wortes. So wird der Trip zur Studienfahrt.

Mehr Reflexion: Regelmäßig nutze ich die Rückfahrt, um die Geschehnisse der letzten Tage in mein elektronisches Tagebuch zu tippen: Die Bahn fährt, während der Geist auf Reisen geht.

Bahn-Kenner Horst Bosetzky formuliert das Ganze besonders anmutig: "Vor allem aber gibt die Fahrt mit der U-Bahn die Chance zur Kontemplation oder zu einer Art autogenem Training. Ich starre vor mich hin, ich denke über mich nach, meinen Nächsten, Gott und die Welt. Das Gleichmaß von Halten, Anfahren, Beschleunigen, Bremsen und Halten ist von derselben Wirkung wie Gebetsmühle oder Rosenkranz."[228]

Mehr Kompetenz: Die Bahn setzt auf den kompetenten Bahnfahrer, der ein hohes Maß an Orientierung und Selbstständigkeit in allen vier Phasen der Dienstleistungskette zeigen muss (Vor-Reisephase → Reisephase → Umsteigephase → Nach-Reisephase).[229] Neben technischen und organisatorischen Kenntnissen sind auch emotionale und zwischenmenschliche Fähigkeiten im Umgang mit Personal und den unberechenbaren Mitreisenden von Vorteil, stellt Angela Poppitz fest. So benötigt der Bahnnutzer ein Repertoire an Reisezeiten und Alternativen, um z.B. auf Zugverspätungen oder Überstunden am Arbeitsplatz reagieren zu können.[230] Bei Revierkämpfen am Sitzplatz ist außerdem Krisenmanagement gefragt. Regelmäßiges Bahnfahren ist Kompetenztraining für das ganze Leben.

Mehr Wohlbefinden: Das Pendeln mit dem Auto zur Arbeit stresst einige Menschen mehr als Bahnfahren. Der tägliche Kampf auf der Straße kann laut dem Stressforscher David Lewis sogar zu "Pendler-Amnesie" führen. Der Wissenschaftler untersuchte fünf Jahre lang Testpendler und stellte fest, dass sich manche Kandidaten vor lauter Strapazen nicht an große Teile ihrer täglichen Fahrt erinnern konnten.[231]

Dass Reisen per Bahn sicherer ist als mit dem Auto, wurde belegt. So kommt der berufliche Bahnpendler morgens eher unversehrt und – häufig – ungestresst an den Arbeitsplatz.

Leider lassen sich Verspätungen nicht vermeiden – egal mit welchem Verkehrsmittel – und können dann Stress verursachen. Grund dafür ist das Gefühl des Kontrollverlustes und des Ausgeliefertseins, das den Reisenden überkommt, weil er nicht weiß, ob und wann es weitergeht.

Aber Ärgern lohnt sich nicht, weiß Frau Burmester: "Wenn ich nun in meinem voraussichtlich langen Pendlerleben zwischen den zwei Hansestädten bei jeder Verspätung halbwegs ausflippe, wie gut ist das für meine Gesundheit? Was habe ich davon, wenn ich mich aufrege? Der Zug kommt deshalb nicht eher."[232]

Bahnfahrer sind gut zu Fuß, wenn sie sich zum oder vom Bahnhof bewegen. Sie sind so ein paar Minuten mehr an der frischen Luft als ihre Auto-Kollegen. Dies ist vielleicht auch der Grund, warum Bus- und Bahnfahren schlank macht, wie eine amerikanische Studie zeigte: Berufspendler, die vom Auto auf den öffentlichen Nahverkehr umstiegen, wurden ein Jahr lang beobachtet. Im Vergleich zu den Autofahrern nahmen die Bus- und Bahnnutzer durchschnittlich drei Kilogramm ab.[233]

Mehr Ökologie: Der Bahnfahrer handelt ökologisch. Er tummelt sich nicht auf dem Asphalt und entlastet so den Straßenverkehr. Er verbraucht weniger Stahl und Benzin, reduziert die Abhängigkeit vom Öl, produziert weniger Rußstoffe und CO_2, schädigt das Klima weniger als der Autofahrer (s. Seite 148).

Besser Bahnen: Bewegung unterwegs

Bei längeren Reisen ist es ratsam, zwischendurch einen Spaziergang durch die Gänge zu machen, um Körper und Geist aufzufrischen. Kurzstreckenabenteurer steigen einfach eine Station früher oder später aus, gehen ein paar Schritte zu Fuß und tanken etwas frische Luft. Meiden Sie auf dem Bahnhof die Rolltreppen wie Barfüßige den Schotterweg. Benutzen Sie stattdessen lieber Treppen, um Ihrem Körper eine kleine Fitness-Einheit zu verpassen. Eine Studie der Universität Genf zeigte bei 77 Probanden nach zwölf Wochen, dass regelmäßiges Treppensteigen 0,8% Gewichtsabnahme, 1,5% weniger Hüftumfang und andere gesundheitsfördernde Effekte nach sich zog.[234]

Bahn-Gebaren

Wir leben zwar in Deutschland, wo sehr viel – nein: fast alles – geregelt ist, aber im Bereich des bahnlichen Miteinanders existieren keine offiziellen Regelwerke. Auch gibt es (glücklicherweise) keine allgegenwärtigen Aufpasser, wie beispielsweise die hübschen, gebieterischen Stewardessen in den fliegenden Röhren.

Dem autoritätshörigen Deutschen sagt keine Instanz, was auf der Schiene richtig und was falsch ist. Die Mutter der germanischen Bahnen, die Deutsche Bahn AG, regelt in ihren Beförderungsbedingungen auf schlappen 148 Seiten allerhand zu Fahrpreisen, Tieren, Gepäck und Naturkatastrophen. Der Abschnitt der "Allgemeinen Verhaltenspflichten der Reisenden" fällt jedoch kurz und sehr vage aus. Im Wesentlichen steht dort, dass:

- jeder Reisende nur einen Sitzplatz belegen soll,
- Plätze für Bedürftige (Kleinkinder, Schwerbehinderte) geräumt werden sollen,
- nicht geraucht werden soll,
- man sich so verhalten soll, dass andere Reisende nicht über Gebühr gestört/belästigt werden.

Doch es muss ihn geben, den Kodex des gesitteten Reisens, die 'Gentlemen Agreements', an die sich auch Damen halten. "Häufig Reisende haben feste Vorstellungen davon, wie das Miteinander unter Reisenden am besten arrangiert werden kann und versuchen entsprechende Regeln zu etablieren", meint Angela Poppitz.[235]

Ein Kodex existiert also bereits in vielen Fahrgastköpfen. Anne Burmester umschreibt ihren idealen Bahn-Sitznachbarn so: "Jemand, der sich nicht ausbreitet, als ob ihm beide Sitze gehören, jemand, der gut gelaunt ist, jemand, der gut aussieht, jemand, der zum Small-Talk bereit und nicht stumm wie ein Fisch ist, jemand, der kein Leberwurstbrot am frühen Morgen isst, kein Reisender, jemand, der 'Guten Morgen' sagt, jemand, der seinen Walkman nicht zu laut aufdreht."[236] Das sind hohe Ansprüche, vor allem für wortkarge, hässliche Reisende, die ihr Leberwurstbrot gerne laut aufdrehen.

'Rücksicht' ist ein Angelpunkt dieses Kodexes. Intellektuelle nennen das den 'kategorischen Imperativ' und Kinder begreifen es mit dem Gebot: "Was du nicht willst, das man dir tu', das füg' auch keinem Ander'n zu."

Auch die Berliner Verkehrsbetriebe bitten in Ihrer 'Betty'-Kampagne um gegenseitige Rücksicht (s. Seite 92). Es ist nicht einfach, seinen Mitreisenden einerseits nicht auf die Nerven zu gehen und andererseits so viel Etikette zu beweisen, dass sie sich respektiert und gut behandelt fühlen. Die Soziologin Haberecht nennt dies "höfliche Gleichgültigkeit"[237]: Der Reisende schenkt dem Gegenüber hinreichend visuelle Beachtung und würdigt seine Anwesenheit, aber danach wendet er sich ab, um nicht den Eindruck besonderer Neugier oder einer bestimmten Absicht zu erwecken.

Der Bahnfahrer befindet sich stets auf einer Gratwanderung zwischen den privaten und den gemeinschaftlichen Interessen. Beispielsweise möchte er einerseits Musik hören, um zu entspannen, andererseits sollte er den MP3-Player nicht zu laut aufdrehen, um seine Mitreisenden zu schonen.

Lieber Leser: Sie sind in diesem Buch durch das lange Tal der Bahnfahr-Ärgernisse gereist. Bestimmt haben Sie hier und da Ihre Mitreisenden oder sogar sich selbst erkannt. Schon vor dieser Lektüre hatten Sie sicherlich eine gute Vorstellung davon, was gutes und was schlechtes Verhalten in der Bahn ist. Es wäre vermessen, Ihnen jetzt noch Regeln vorzuschreiben. Diese existieren ja bereits in Ihrem Kopf, und sie sind gut. Legen Sie bitte jetzt das Buch weg und lächeln Sie ihren Mitreisenden an.

Epilog

Unannehmlichkeiten versauern das Reisen mit der Bahn, wie dieser Streifzug durch das Universum der Ärgernisse zeigt. Bei den meisten davon handelt es sich um kleine kosmische Eruptionen: morgendliches Gedrängel, penetrantes Handy-Geplapper, sommerlicher Schweißgeruch, plötzlicher Schienenersatzverkehr. Das alles nagt schon beim Pendeln an den Nerven, bevor sich die lieben Kollegen in Büro, Labor oder Werkstatt daran machen, unser zartes Gemüt weiter zu strapazieren. Jedoch gibt es bei den wenigsten Ärgernissen eine direkte existenzielle Bedrohung für den Bahnreisenden. Man stirbt ja nicht und drastische Unfälle sind extrem selten.

Trotz allem Katzenjammer bin ich gerne ein Schienen-Sympathisant, ein Bahn-Bube, ein ÖPV-Jünger. Ich liebe es, mich von A nach B schaukeln zu lassen und dabei meine Aufmerksamkeit einem Buch zu schenken (wenn der Typ neben mir seinen iPod leiser drehen würde). Ich freue mich, zuverlässig und pünktlich anzukommen (wenn das nur immer so wäre). Es ist fantastisch, ökologischer zu reisen als mit dem Auto (wenn nur nicht die Fahrkartenpreise ständig steigen würden).

Sind Bahnfahrer die besseren Menschen? Schwer zu beantworten, aber sie fahren mit dem Gleis ins Glück und nicht auf der Straße in den Stau.

Danke

Ich verneige mich vor folgenden, fantastischen Menschen für ihre Hilfe am Manuskript: Anika Appelles, Bernhard Schwiete, Bettina Richard, Erich Schmidt-Eenboom, Frauke Wilts, Hari Retterath, Kirsten Schmidt-Steenblock, Kurt Welfe, Marcel Rzymann, Marc-Oliver Seitz, Marcus Jenkies, Rainer Nelbach, Sabine Neidhold und Thomas Hirsch.

Sehr genau unter die Lupe genommen und viel geholfen haben mir Katharina Maier im Lektorat und Thorsten Brandt im Korrektorat. Herrn Dieter Hermenau danke ich für die tolle zeichnerische Umsetzung der Cartoons. Berit Schirrow gilt mein Dank für die gestalterische Unterstützung.

Meiner Frau Karin und meiner Tochter Frida danke ich für Geduld und Mithilfe an diesem Projekt. Es gab zahlreiche Urlaubstage, Abende und Wochenenden, an denen ich die Zeit mit dem Bahnthema verbracht habe, anstatt mit ihnen.

Quellennachweise

In diesem Kapitel finden Sie Angaben zu den Quellen. Ein Großteil davon sind Informationen aus dem Internet. Diese haben den Vorteil, rasch verfügbar zu sein, aber auch den Nachteil, dass aufgeführte Adressen und Inhalte einer kurzen Halbwertszeit unterliegen – ein Phänomen, das für Information typisch ist. In Einzelfällen kann es daher möglich sein, dass die zitierten Internetadressen gegenwärtig nicht mehr abrufbar sind. Die zugrunde liegenden Informationen lassen sich gewiss durch Internetsuchmaschinen unter anderer Adresse wiederfinden. Im Zweifelsfall kontaktieren Sie mich einfach, doch warten Sie nicht zu lange, denn auch ich habe eine kurze Halbwertszeit …

[1]   Stache, Rainer: Der tägliche Lärmstress in der U-Bahn. URL: http://www.berliner-woche.de/index.php?id=246   Stand: 4.1.2009.

[2]   Kepler, Hannah et al. (2010): Short-term Auditory Effects of Listening to an MP3 Player. Arch Otolaryngol Head Neck Surg ;136(6):538-548. URL: http://archotol.ama-assn.org/cgi/content/short/136/6/538   Stand: 3.1.2011.

[3]   Niggemeier, Stefan: Jedes Tönchen ein Milliönchen. 12.2.2005. URL: http://www.faz.net/s/RubCD175863466D41BB9A6A93D460B81174/Doc~EEC1B8302D08B4E109882036282FF8369~ATpl~Ecommon~Scontent.html   Stand: 10.8.2010.

[4]   Koesch, Sascha/Magdanz, Fee/Stadler, Robert: Handy-Nutzer in Erklärungsnot. 8.2.2007. URL: http://www.spiegel.de/netzwelt/mobil/0,1518,464820,00.html   Stand: 10.8.2010.

[5]   Holmes, Andre/Reeves, Matthew: Pains on Trains. Capstone. West Sussex (UK) 2003, S. 96f.

[6]   Thiel, Armin: Störungen im Betriebsablauf. Die skurrilen Erlebnisse des Ole Osthoff in den Zügen der Deutschen Bahn. Books on Demand. Nordersted 2009. S. 206.

[7]   VMUPleaseShutUp: Annoying Cell Phone Guy on Train. URL: http://www.youtube.com/watch?v=HCgYDsuR2xs   Stand: 3.1.2011.

[8]   Kopp-Wichmann, Roland: Warum telefonieren Menschen in der Bahn mit dem Handy? URL: http://www.persoenlichkeits-blog.de/article/192/warum-telefonieren-menschen-in-der-bahn-mit-dem-handy   Stand: 1.1.2010.

[9]   Andrew Monk, Jenni Carroll, Sarah Parker and Mark Blythe (2004) Why are Mobile Phones Annoying? Behaviour and Information Technology, vol. 23, no. 1, pp. 33–41; Zusammenfassung bei http://www.useit.com/alertbox/20040412.html   Stand: 18.1.2009.

[10] Lim_Dul: Telefonieren in der Bahn. Blogeintrag vom 3.1.2008. URL: http://www.bahn-spass.de/2008/01/03/telefonieren-in-der-bahn-2/   Stand: 4.1.2009.

[11] Clekis: Zugehört XX: Party. Blogeintrag vom 13.2.2008.

URL: http://www.bahn-spass.de/2008/02/13/zugehoert-xx-party/   Stand: 4.1.2009.

12 Lim_Dul: Telefonieren in der Bahn II. Blogeintrag vom 29.1.2008.
    URL: http://www.bahn-spass.de/2008/01/28/telefonieren-in-der-bahn-ii/   Stand:
    4.1.2009.

13 Thiel 2009 (s. Fn. 6), S. 200.

14 Zitat vom französischen Schriftsteller Nicolas Chamfort. URL
    http://zitate.net/lachen.html   Stand: 29.1.2011.

15 Buchmann, Dennis: U-Bahn-Blog: Digitale Monotonie. Blogeintrag vom 16.10.2006.
    URL: http://www.muenchenblogger.de/u-bahn-blog-digitale-monotonie   Stand:
    24.10.2008.

16 Orth, Stefan/Blinda, Antje: Sorry, wir haben uns verfahren. Kurioses aus der Bahn.
    Ullstein Buchverlage GmbH. Berlin 2012. S. 27. Ein Beitrag von Sophia Johler, Zü-
    rich.

17 NetZero: Zurückbleiben, bitte!
    URL: http://www.hamburgtraffic.de/?p=19   Stand: 24.10.2008.

18 Dominik: Best of U-Bahn-Durchsagen. Blogeintrag vom 7.7.2006. URL:
    http://derbeistrich.blogspot.com   Stand: 24.10.2008.

19 Müller, Egon: Ausstieg in Fahrtrichtung – Durchsageterror bei der Deutschen Bahn.
    Artikel vom 3.10.2010.
    URL: www.heise.de/tp/r4/artikel/33/33356/1.html   Stand: 4.10.2010.

20 Imbert, Marguerite: Amen's unofficial city guide to Berlin. URL:
    http://venturevillage.eu/amen-posters-declare-hotspots-in-berlin-best-and-worst
    Stand: 28.5.2012.

21 Burmester, Anne: Das Pendler ABC – So überlebt man die Deutsche Bahn AG.
    Buchverlag Andrea Schmitz (o.O.) 2001. S. 92.

22 Eichhardt, Dennis: Was ist da los, liebe S-Bahn-Hamburg. Blogeintrag vom 17.9.2008.
    URL: http://www.hamburgtraffic.de/?p=216 Stand: 24.10.2008.

23 Diese Spitznamen gibt es wirklich. – Ohne Verfasser: Spitznamen für deutsche Eisen-
    bahnfahrzeuge.
    URL: http://www.bahnstatistik.de/Spitznamen.htm   Stand: 3.1.2011.

24 Frers, Lars: Einhüllende Materialien. transcript Verlag. Bielefeld 2007, S. 88.

25 Mayer, Oliver: Von Japan lernen heißt Qualität lernen. Wie die Japaner ihre Eisenbah-
    nen betreiben. Der Fahrgast 2/2004, S. 16. URL: www.der-
    fahrgast.de/Archiv/2004/2004-2-15-16.pdf   Stand: 1.7.2011.

26 Poppitz, Angela: Beruflich Bahnfahren – Aneignung des arbeitsbedingten Bahnalltags
    bei Pendlern und Geschäftsreisenden. Rainer Hampp Verlag. München und Mehring
    2009. S. 259

27 Centre for Transport & Society, University of the West of England: Scrapbook of
    photographs taken as part of the ethnographic research. Fotos von Laura Watts 2004
    (beide Fotos oben; unten rechts) und Juliet Jain 2004 (Foto unten links).
    URL: http://www.bne.uwe.ac.uk/traveltimeuse/publish/scrapbook/007.html
    Stand: 3.1.2011. Bzw. zukünftig zu sehen unter:
    http://traveltimeuse.wordpress.com/about/

28 Haberecht, Svenja: Verhaltensregeln in Straßenbahnen. Universität Bielefeld. 2006.
    S. 7. URL: www.uni-bielefeld.de/soz/we/soztheorie/Verhaltensregeln.pdf
    Stand: 1.8.2011.

29 Poppitz 2009 (s. Fn. 26). S. 180.

30 Ebendort. S. 178.

31 Haberecht 2006 (s. Fn 28). S. 16.

32 Rötzer, Florian: Der Hassblick und andere Methoden, im öffentlichen Raum den Abstand zu wahren. Telepolis-Artikel vom 3.8.2012 über die Studie von Esther Kim. URL: http://www.heise.de/tp/blogs/3/152517   Stand: 12.9.2012.

33 Poppitz 2009 (s. Fn. 26). S. 226.

34 Mackinnon, S. P./Jordan, C. H./Wilson, A. E.: Birds of a Feather Sit Together: Physical Similarity Predicts Seating Choice. Personality and Social Psychology Bulletin, Juli 2011, 37(7), S. 879–892   URL zur Zusammenfassung: http://psp.sagepub.com/content/37/7/879   Stand: 17.8.2011.

35 Haberecht 2006 (s. Fn. 28). S. 10f. Haberecht zitiert dafür folgende Arbeit: Hirschauer, Stefan: Die Praxis der Fremdheit und die Minimierung von Anwesenheit. Eine Fahrstuhlfahrt. in: Soziale Welt, Zeitung für sozialwissenschaftliche Forschung und Praxis, 1999(50). S. 221–246.

36 Frers 2007 (s. Fn. 24). S. 203.

37 Wikipedia: Die Zeit. Stand: Januar 2009, URL: http://de.wikipedia.org/wiki/Die_Zeit.

38 Netenjakob, Moritz: Macho Man. KiWi Verlag. Köln 2010. S. 175.

39 wbr/dpa/Spiegel Online: Große Buchstaben lösen große Emotionen aus. URL: http://www.spiegel.de/wissenschaft/mensch/psychologie-grosse-buchstaben-loesen-grosse-emotionen-aus-a-832405.html   Stand: 17.05.2012.

40 Schäfer, Annette: Der mobile Albtraum. In: Gehirn & Geist, 2005 (4), S. 24.

41 Simmons, Jack (Hrsg.): The Railway Traveller's Handy Book. Verlag Adams & Dart, Somerset, England. 1862. Neue Auflage von 1971. S. 66 und 88.

42 Reinecke, Jochen/Zehrer, Klaus: Ist hier noch frei? Kleines Bestimmungsbuch für Bahnreisende. Satyr Verlag, Berlin 2010. S. 90.

43 Deutsche Bahn AG: S-Bahn und Fahrrad passen gut zusammen. In: Punkt 3, Nr. 15/2005, S. 1. URL: http://www.s-bahn-berlin.de/aktuell/2005/pdf/punkt3_08_24_05.pdf   Stand: Mai 2010.

44 Ebendort.

45 Ohne Verfasser: Die schwersten Bahn-Unfälle seit 1945. In: Der Tagesspiegel. URL: http://www.tagesspiegel.de/berlin/verkehr/die-schwersten-bahn-unfaelle-seit-1945/1499640.html Stand: 18.4.2009 (Der Artikel zeigt, dass es 30 Unfälle gab, bei denen fünf oder mehr Menschen umkamen.)

46 Statistisches Bundesamt: Verkehr in Deutschland. 2006, S. 55, Tabelle 5.2.

47 Eisenbahn-Bundesamt (Hrsg.): Bericht des Eisenbahn-Bundesamts gemäß Artikel 18 der Richtlinie über Eisenbahnsicherheit in der Gemeinschaft (Richtlinie 2004/49/EG, "Sicherheitsrichtlinie") über die Tätigkeiten als Sicherheitsbehörde: Berichtsjahr 2010, S. 37   URL: http://www.eba.bund.de/cln_031/SharedDocs/Publikationen/DE/Infothek/Allgemeines/Sicherheitsberichte/sicherheitsbericht__2010,templateId=raw,property=publicationFile.pdf/sicherheitsbericht_2010.pdf   Stand: 1.10.2012.

48 Wikipedia: Schienensuizid. URL: http://de.wikipedia.org/wiki/Schienensuizid Stand: 3.10.2012.

49 Arbeitsgruppe für Unfallmechanik: Sicherheitsanforderungen für den Transport von Reisenden mit Rollstühlen im öffentlichen Verkehr. Im Auftrag des Schweizer Bundesamts für Verkehr. 2004. URL: http://www.bav.admin.ch   Stand: 24.10.2008.

50 Poppitz 2009 (s. Fn. 26). S. 208.

51 Burmester 2001 (s. Fn. 21). S.21.

52 Thiel 2009 (s. Fn. 6). S. 205.

53 Eigene Berechnungen des Autors:
    a) "In nur einer Stunde wechselt unser Blick bis zu 3500-mal zwischen Tastatur, Bildschirm und Schreibtisch immer wieder auf und ab." (Referenz: Portal der Augen-

medizin. Tipps für die Arbeit am Bildschirmplatz. Artikel vom 25.12.2009. URL:
http://www.portal-der-augenmedizin.de/aktuelles/augen-bildschirmarbeitsplatz.html
Stand: 22.1.2011);
b) (7 Stunden Bildschirmarbeit pro Arbeitstag) x (3.500 Blicke pro Stunde) = 24.500
Blicke pro Arbeitstag.

54   Rüther, Klaus: Warum müssen manche Menschen niesen, wenn sie in die Sonne
     schauen? 28.06.2002 URL: http://www.wissenschaft-online.de/artikel/594880. Stand:
     23.7.2011.

55   Verkehrsclub Deutschland: Fensterflächenwerbung auf Bussen und Bahnen. URL:
     http://www.vcd.org/vorort/fileadmin/user_upload/hessen/redaktion/Themen/
     Bahn_Bus/Ganzwerbungsflyer.pdf   Stand: 3.10.2010.

56   Ebendort.

57   Werbespruch der Berlitz Sprachschule, gesehen in der S-Bahn-Berlin, im März 2008.

58   Eckart von Hirschhausen: Die Leber wächst mit ihren Aufgaben. 12. Aufl. Rowohlt
     Verlag, Berlin 2008. S. 2.

59   Gizmodo: Die digitalen Werbeplakate aus Minority Report sind Realität. Blogeintrag
     vom 18.7.2010.
     URL: http://www.gizmodo.de/2010/07/18/die-digitalen-werbeplakate-aus-minority-
     report-sind-realitat.html
     Stand: 4.1.2011.

60   Beta, Natalie: Graffiti – Kunst oder Schmiererei? Artikel vom 19.8.2010. URL:
     http://www.suite101.de/content/graffiti---kunst-oder-schmiererei-a84892   Stand:
     17.8.2011.

61   Neumann, Peter: Explodierende Waggons sind tabu. Artikel vom 22.2.2001. URL:
     http://www.berlinonline.de/berliner-
     zeitung/archiv/.bin/dump.fcgi/2001/0222/lokales/0021/index.html   Stand:
     17.8.2011.

62   Ström, Pär: Die Überwachungsmafia – Das lukrative Geschäft mit unseren Daten.
     Heyne Verlag, München 2005. S. 126.

63   Diehl, Jörg/Langer, Annette: Warum Videokameras Gewaltexzesse nicht verhindern.
     Artikel vom 14.9.2009. URL:
     http://www.spiegel.de/panorama/justiz/0,1518,648916,00.html   Stand: 4.1.2011.
     Dieser Artikel bezieht sich auf einen Bericht von Scotland Yard, dessen Inhalt hier
     näher dargestellt wird: Bowcott, Owen: CCTV boom has failed to slash crime, say po-
     lice. 6. Mai 2008. URL: http://www.guardian.co.uk/uk/2008/may/06/ukcrime1
     Stand: 4.1.2011.

64   Mühlbauer, Peter: Studie – Videoüberwachung in Berliner U-Bahn brachte keinen
     Sicherheitsgewinn. Artikel vom 9.10.2007. URL:
     http://www.heise.de/newsticker/meldung/Studie-Videoueberwachung-in-Berliner-U-
     Bahn-brachte-keinen-Sicherheitsgewinn-183294.html   Stand: 4.1.2011.

65   Ohne Verfasser: Vier Berliner hinterlassen eine Spur der Gewalt. Artikel vom
     15.9.2009. URL:
     http://www.morgenpost.de/berlin/article1170960/Vier_Berliner_hinterlassen_eine_S
     pur_der_Gewalt.html   Stand: 4.1.2011.

66   Kuhn, Johannes: Wir sehen, was Du klaust. Artikel vom 3.11.2010.
     URL: http://www.sueddeutsche.de/digital/ueberwachungsprojekt-internet-eyes-wir-
     sehen-was-du-klaust-1.1019074   Stand: 4.1.2011.

67   Ohne Verfasser: Verräterisches Handy. Kein Datum. URL:
     http://www.zeit.de/datenschutz/malte-spitz-vorratsdaten   Stand: 26.2.2011

68   Ohne Verfasser: Bahn will Handy als Zahlungsmittel einsetzen. Artikel vom 16.3.2007.
     URL: http://www.spiegel.de/reise/aktuell/0,1518,472116,00.html   Stand: 26.2.2011.

69 Padeluun: BigBrotherAwards 2007 – Wirtschaft: Deutsche Bahn AG. Artikel vom 12.10.2007. URL: https://www.bigbrotherawards.de/2007/.com   Stand: 26.2.2011.

70 Kurpjuweit, Klaus: Elektronisches Ticket – nur bei BVG und für ABC. Artikel vom 6.3.2007. URL: http://www.pnn.de/brandenburg-berlin/55775/   Stand: 26.2.2011.

71 Ström 2005 (s. Fn. 62). S. 94.

72 Poppitz 2009 (s. Fn. 26). S. 281.

73 Krobath, Peter: Lug und Trug im Tierreich. In: Universum, 2008, 10. URL: http://www.universum.co.at/magazin/00/artikel/90017/doc/d/PeterKrobath_LugT rug.pdf   Stand: 26.2.2011.

74 Frers 2007 (s. Fn. 26). S. 47

75 Abrahamson, Eric/Freedman, David: Das perfekte Chaos – Warum unordentliche Menschen glücklicher und effizienter sind. Econ, Berlin 2007. S. 258.

76 Ohne Verfasser (Institut für Zoologie, Universität Heidelberg): Das Riechen – Von der Nase bis ins Gehirn. URL: http://www.studentenlabor.de/seminar1/das_riechen.htm   Stand: 3.10.2010.

77 Ebendort.

78 Umschreibung des Autors für 'Hippocampus'.

79 Ohne Verfasser (Spektrum Akademischer Verlag): Amygadala. In: Lexikon der Neurowissenschaft. URL: http://www.wissenschaft-online.de/abo/lexikon/neuro/565 Stand: 3.10.2010.

80 Brocke, Jürgen: Zigarettenwerbung – Bimmel Bimmel – Sabber Sabber. URL: http://viel-rauch-um-nichts.de/nichtraucher/zigarettenwerbung-bimmel-bimmel-sabber-sabber.html Stand: 4.1.2011.

81 Neumann, Peter: Der Duft der S-Bahn. Artikel vom 3.9.2008. URL: http://www.berlinonline.de/berliner-zeitung/berlin/108329/index.php   Stand: 6.8.2010

82 Dawkins, Richard: Richard Dawkins on our "queer" universe. URL: http://www.ted.com/talks/lang/eng/richard_dawkins_on_our_queer_universe.html Stand: 6.8.2010.

83 Jörg, Daniele: Schweiß. WDR (o. O.), 1997. S. 4. URL: http://www.wdr.de/tv/quarks/global/pdf/schweiss.pdf   Stand: 6.8.2010.

84 Ebendort. S. 6.

85 Net Zero: Wunderschöner Tag. Blogeintrag vom 19.8.2008. URL: http://www.hamburgtraffic.de/?p=131   Stand: 24.10.2008.

86 Wikipedia.de: Bakterien. URL: http://de.wikipedia.org/wiki/Bakterien   Stand: 24.10.2008.

87 Wikipedia.de: Furz. URL: http://de.wikipedia.org/wiki/Furz   Stand: 24.10.2008.

88 Wander: Deutsches Sprichwörter-Lexikon. URL: http://www.zeno.org/Wander-1867/A/Furz   Stand: 24.10.2008.

89 von der Lippe, Jürgen: Guten Morgen liebe Sorgen. Audio CD. (o. O.), 1987.

90 Abrahamson/Freedman 2007 (s. Fn. 75). S. 255.

91 NetZero: Gewisse Gase. Blogeintrag vom 12.4.2008. URL: http://www.hamburgtraffic.de/?page_id=28   Stand: 25.10.2008.

92 "Die unterschiedlichen Geräusche dabei entstehen, weil das Gas die winzigen Hautlappen im Anus in Schwingung bringt – ähnlich wie wenn aus einem prall gefüllten Luftballon plötzlich die Luft entweicht." (Preuk, Monika, Darmwinde – überschüssiges Gas. Artikel vom 1.12.2008. URL: http://www.focus.de/gesundheit/gesundleben/vorsorge/chance/tid-5736/magenknurren-und-co-_aid_56261.html   Stand: 26.10.2008.)

93 Köhn, Annette: U-Bahn Pupse. (o. V.), Berlin 2009. URL: http://www.comicstube.de
    Stand 20.12.2012.
94 Schellberg, Michael: Verlassen Sie den Raum bitte so, wie Sie ihn vorfinden möchten.
    Blogbeitrag vom 21.7.2011. URL: http://www.freiherr-knigge.de/blog/verlassen-sie-
    den-raum-bitte-so-wie-sie-ihn-vorfinden-mochten   Stand: 17.8.2011.
95 Neumann, Olli: Kleine Dekoarbeiten während der Bahnfahrt. URL:
    http://www.bahn-bahn-bahn.de/index.php/kleine-dekoarbeiten-wahrend-der-
    bahnfahrt   Stand: 17.8.2011.
96 Ohne Verfasser: Druck im Tunnel. Revolution auf der Schiene: Die Bundesbahn
    schafft das Plumpsklo ab. Der Spiegel 31/1986. URL:
    http://www.spiegel.de/spiegel/print/d-13519637.html   Stand: 1.8.2011.
97 Ohne Verfasser: Röll: Enzyklopädie des Eisenbahnwesens. Zitiert auf URL:
    http://www.zeno.org/Roell-1912/A/Aborte+in+Eisenbahnwagen   Stand 29.7.2011.
98 Druck im Tunnel, Der Spiegel, 31/1986.
99 Ebendort.
100 Ebendort.
101 Oberlandesgericht Schleswig: Fäkalienregen von Eisenbahnbrücke als ortsübliche
    Beeinträchtigung. Urteil vom 20.03.1995, Aktenzeichen 1 U 191/92. URL:
    http://www.fachdokumente.lubw.baden-
    wuerttemberg.de/servlet/is/199/?COMMAND=DisplayUrteil&FIS=199&OBJECT
    =3654&MODE=URT&RIGHTMENU=NO   Stand: 17.8.2011.
102 Kappel, Birgit: Verdreckte Toiletten – Was die Deutsche Bahn ihren Fahrgästen
    zumutet. Beitrag in Report München, Bayerischer Rundfunk, 2004.
103 Ebendort.
104 Erich Schmidt-Eenboom, persönliche Mitteilung, 25.8.2011.
105 Amtsgericht Frankfurt am Main. Urteil vom 25.4.2002. Aktenzeichen 32 C 261/01-84.
    Neue Juristische Wochenschrift 2002. S. 2253.
106 Foto von Ivo Schmidt in einem IC, August 2011.
107 Kojote-Magazin (2012): Weltrekord: S-Bahn-Stammkunde erkennt 50 Dönersorten am
    Geruch   URL: http://www.kojote-magazin.de/?p=5870   Stand: 30.9.2012.
108 Reinecke/Zehrer 2010 (s. Fn. 42). S. 38.
109 Thiel 2009 (s. Fn. 6). S. 43.
110 Ohne Verfasser: Betty bittet um mehr gegenseitige Rücksicht. Artikel vom 17.1.2008.
    URL: http://www.bvg.de/index.php/de/103839/article/79361.html   Stand:
    5.1.2011.
111 Ohne Verfasser (Bundesamt für Strahlenschutz): Zusammenstellung der Studien, die
    öffentliches Interesse erweckt haben, und deren Bewertung durch das BfS. 2009.
    URL: http://www.bfs.de/de/elektro/hff/papiere.html/Synopse_EMF.pdf   Stand:
    11.4.2011.
112 yes/dpa/AFP: Vorwürfe gegen Bahn – Bundespolizei ermittelt wegen Hitzedrama im
    ICE. Artikel vom 11.7.2010. URL:
    http://www.spiegel.de/panorama/0,1518,705892,00.html   Stand: 1.8.2011.
113 Schlenger, Ralf: Dem Immunsystem gehört die Zukunft. In: Deutsche Apotheker-
    Zeitung, 2008 (45). S. 44.
114 Ohne Verfasser: Hygienemängel in den Zügen der Deutschen Bahn. Beitrag des TV-
    Magazins "Markt" im NDR.
    URL:
    http://www.ndr.de/fernsehen/sendungen/markt/reise_verkehr/bakterienfunde101.h
    tml   Stand: 29.12.2011.
115 Schlenger, Ralf 2008 (s. Fn. 113). S. 44.

[116] Ohne Verfasser: "Sie kommt – die Frage ist nur, wann!". Artikel vom 9.11.2005. URL: http://www.springermedizin.at/artikel/5783-sie-kommt-die-frage-ist-nur-wann Stand: 4.1.2011.

[117] Bayer, Klaus: Gene und Meme. Evolution – Kultur – Sprache. 2000. URL: http://klaus.bayer.phil.uni-hannover.de/imperia/ md/content/de/uni-hannover/phil/klaus_bayer/bayer_gene_u_meme.pdf   Stand: 27.8.2010.

[118] Poppitz 2009 (s. Fn. 26). S. 199.

[119] Ohne Verfasser (University of the West of England, Bristol, Centre for Transport & Society): Travel-Time Use in the Information Age. Workshop January 2007: Research Summary 5: Travel Remedy Kit. URL:http://www.bne.uwe.ac.uk/traveltimeuse/downloads/traveltimeuse_travelreme dykit_summary.pdf   Stand: 30.03.2011.

[120] Drittes Sozialgesetzbuch – Arbeitsförderung: §121. Zumutbare Beschäftigungen, Abs. 4. URL: http://bundesrecht.juris.de/sgb_3/__121.html   Stand: 30.3.2011.

[121] Stutzer, Alois/Frey, Bruno (Institut für empirische Wirtschaftsforschung, Universität Zürich): Stress That Doesn't Pay. The Commuting Paradox. August 2004: Working Paper No. 151, Fig. 1. URL: www.iew.unizh.ch/wp/iewwp151.pdf   Stand: 30.3.2011.

[122] Wikipedia: Pünktlichkeit (Bahn). URL: http://de.wikipedia.org/wiki/P%C3%BCnktlichkeit_(Bahn)   Stand: 17.10.2012.

[123] Deutsche Bahn AG: Pünktlichkeitsentwicklung 2012. URL: http://www.bahn.de/p/view/buchung/auskunft/puenktlichkeit_personenverkehr.sht ml   Stand: 17.10.2012.

[124] Hutter, Claus-Peter/Markert, Traugott/Ribbe, Lutz: Das Bahnhasser-Buch. Knaur, München. 2003. S. 91f.

[125] Klein, Stefan: Der Stoff, aus dem das Leben ist. S. Fischer, Frankfurt am Main 2006. S. 175 ("Heute gilt Tokio als die schnellste Stadt der Welt. Das öffentliche Leben funktioniert mit beispielloser Genauigkeit. Man verabredet sich nicht gegen acht Uhr, sondern um 19h50 und erscheint auch zu dieser Zeit. Stoff für die Abendnachrichten ist es, wenn sich der Superschnellzug Shinkansen um ein paar Minuten verspätet").

[126] Wikipedia: Pünktlichkeit (Bahn). URL: http://de.wikipedia.org/wiki/P%C3%BCnktlichkeit_(Bahn)   Stand: 1.8.2011.

[127] Ohne Verfasser: Voraussichtlich 35 Minuten später. Artikel vom 23.11.2006. URL: http://www.zeit.de/2006/48/Bahn-2   Stand: 30.3.2011.

[128] Ebendort.

[129] Kaiser, Oliver: Verspätungen der DB online ermitteln. URL: http://www.bus-und-bahn-im-griff.de/pc/db-verspaetung-minutengenau.html   Stand: 30.3.2011.

[130] Ohne Verfasser: Geheimnis gelüftet. Stiftung Warentest 2/2008. S. 79.

[131] Abrahamson, Eric/Freedman, David 2007 (s. Fn. 75). S. 212.

[132] Ohne Verfasser: Zitate mit Warten. URL: http://www.wortpfau.de/zitate/Warten.html   Stand: 30.3.2011.

[133] Wikipedia: Wartburg. URL: http://de.wikipedia.org/wiki/Wartburg#Bedeutung_in_der_Deutschen_Geschichte Stand 30.3.2011.

[134] Burmester 2001 (s. Fn. 21). S. 26.

[135] Bosetzky, Horst: Berliner Bahnen. dtv Verlag München. 2000. S. 166.

[136] Statistisches Bundesamt: Verkehr in Deutschland. 2006. S. 28f. URL: http://www.destatis.de/jetspeed/portal/cms/Sites/destatis/Internet/DE/Content/P ublikationen/Fachveroeffentlichungen/Verkehr/Querschnitt/VerkehrinDeutschland Blickpunkt1021216069004,property=file.pdf

137 Zingel, Harry: Betriebswirt/IHK: Herbstprüfung im Fach Qualitätsmanagement. Artikel vom 13.11.2003. URL: http://www.bwl-bote.de/20031113.htm Stand: 26.10.2010.

138 Beyhum, Toufic: Photography – Emotions in motion. URL: http://www.tbeyhumphotos.com/Emotions-in-Motion Stand: 17.4.2011.

139 Nemes, Loredana: Fotografien – Under Ground 2005–2006. URL: http://www.loredananemes.de/homepagelore%20ordner/homepagelore/fotogalerie-ug.html. Stand: 17.4.2011.

140 Neidel, Markus: S-Bahn. http://www.youtube.com/watch?v=bQ6vyB5_lmo Stand 6.3.2012.
Beschrieben und gelobt auf:
http://www.spiegel.de/netzwelt/web/web-video-preis-tentakelmonster-in-der-s-bahn-a-819403.html

141 Zekri, Sonja: Tausend Tage unterwegs – Aufzeichnungen einer Wochenend-Pendlerin. Artikel vom 7.8.2006. URL: http://www.sueddeutsche.de/kultur/aufzeichnungen-einer-wochenend-pendlerin-tausend-tage-unterwegs-1.881385 Stand: 27.2.2011.

142 Manz, Wilko/Wittkowsky, Dirk: Fernpendeln – mit welchem Verkehrsmittel? Fallstudie aus der Region Rhein-Main zur Situation und Reagibilität in der Verkehrsmittelnutzung. In: Internationales Verkehrswesen, 59, Hef 9, S. 400–403; zit. in Poppitz, Angela 2009 (s. Fn. 26). S. 42.

143 Poppitz 2009 (s. Fn. 26). S. 149.

144 Ohne Verfasser: Ist der Mensch zum Pendeln gemacht? (Interview mit Steffen Häfner). URL: http://www.sueddeutsche.de/karriere/interview-ist-der-mensch-zum-pendeln-gemacht-1.500502
Stand: 27.2.2010.

145 Poppitz 2009 (s. Fn. 26). S. 64.

146 Schäfer 2005 (s. Fn. 40). S. 20.

147 Ebendort. S. 22.

148 Ohne Verfasser: Gesundheitstipps für gestresste Pendler. Artikel vom 24.8.2005. Auch in: Ärzte Woche, 2004(19). URL: http://www.springermedizin.at/gesundheitspolitik/?full=5351 Stand: 3.4.2011.

149 Schäfer 2005 (s. Fn. 40). S. 20.

150 Ohne Verfasser: Gesundheitstipps für gestresste Pendler. Artikel vom 24.8.2005. Auch in: Ärzte Woche, 2004(19). URL: http://www.springermedizin.at/gesundheitspolitik/?full=5351 Stand: 3.4.2011.

151 Stutzer/Frey 2004 (s. Fn. 121), ohne Seitenangabe; zit. in: Schäfer 2005 (s. Fn. 40), S. 23.

152 Poppitz 2009 (s. Fn. 26). S. 292.

153 Burmester 2001 (s. Fn. 21). S. 17.

154 Gesellschaft für Arbeit und Ergonomie: Arbeitsplatz Bahn. Artikel vom 16.3.2007. URL: http://www.ergo-onli-ne.de/site.aspx?url=html/wissensbausteine/mobiles_arbeiten/mobil_ah7.htm&qu=bahn Stand: 4.4.2011.

155 Rosendorfer, Herbert: Briefe in die chinesische Vergangenheit. 24. Auflage. dtv, München, 1996.

156 Thiel 2009 (s. Fn. 6). S. 213.

157 Die Psychologin Judith Rich Harris will sogar belegt haben, dass die Eltern austauschbar sind und dass Freundeskreis & Schulklasse und die Kids vom Spielplatz in den Kindern formen, was in den Genen nicht angelegt ist. (Rigos, Alexandra: "Eltern sind

austauschbar". URL: http://www.pappa.com/familie/47110.htm Stand: 26.10.2010. Dieser Artikel zitiert: DER SPIEGEL 47/1998 vom 16.11.98 "Eltern sind austauschbar". Siehe auch Brockman, John: Was ist ihre gefährlichste Idee? Die führenden Wissenschaftler unserer Zeit denken das Undenkbare. Beitrag von J. Harris.Fischer, Frankfurt. 2009. S. 211).

[158] Burr, Ty: Despite its ambition, 'Code' doesn't break much new ground. Artikel vom 13.8.2004. URL: http://www.boston.com/movies/display?display=movie&id=5139 Stand: 26.10.2010. Originalzitat: "Everybody's children are special. It makes you wonder where all the ordinary grown-ups come from".

[159] Ohne Verfasser. URL: http://aphorismen-archiv.de/index_z.php?id=10226 Stand: 26.10.2010.

[160] S-Bahn-Berlin: Kaufen gegen Armut – Wer hinter der "Motz" steckt. In: Punkt 3, 2008(20), S. 12. URL: http://www.s-bahn-berlin.de/aktuell/2008/pdf/punkt3_23_10_08.pdf Stand: 20.11.2008.

[161] S-Bahn-Berlin: Wohnungslosen Chancen geben – Wer hinter dem "Strassenfeger" steckt. In: Punkt 3, 2008(19), S. 8. URL: http://www.s-bahn-berlin.de/aktuell/2008/pdf/punkt3_09_10_08.pdf Stand: 20.11.2008.

[162] Wikipedia: BISS (Straßenzeitung). URL: http://de.wikipedia.org/wiki/BISS_(Stra%C3%9Fenzeitung) Stand: 20.11.2008.

[163] Asphalt Magazin: Die Zeitung. URL: http://www.asphalt-magazin.de/de/41807-Die-Zeitung Stand: 18.4.2011.

[164] Sprung, Olli: Grausige U-Bahn-Musikanten. Blogbeitrag vom 19.4.2006. URL http://hamburg.germanblogs.de/archive/2006/04/19/19mwoqhxhu2q1.htm Stand: 31.12.2008.

[165] punkt 3: Im Einsatz gegen nervige Musikanten in der S-Bahn. DB Sicherheit stoppt gezielt organisierte Gruppen. Ausgabe 14/2012 26. Juli. S. 13.

[166] Das Zitat von Reiner Kunze stammt aus: Unbekannter Verfasser: Quer durch die Zeit – die Eisenbahn inspirierte Poeten und Schriftsteller. Der Spiegel, 1985(21). S. 93. Abrufbar als PDF unter URL: http://www.spiegel.de/spiegel/print/d-13514316.html Stand: 18.4.2011.

[167] Krimpedia: Schwarzfahren. URL: http://www.kriminologie.uni-hamburg.de/wiki/index.php/Schwarzfahren Stand: 31.12.2010.

[168] Reinecke/Zehrer 2010 (s. Fn. 42). S. 45.

[169] LarryLuca: 10 Dinge, an denen man einen Fahrkartenkontrolleur erkennt. Blogbeitrag vom 5.6.2007. URL: http://larryluca.wordpress.com/2007/06/05/10-dinge-an-denen-man-einen-fahrkartenkontrolleur-erkennt Stand: 7.9.2009.

[170] Schuster, Uli: Jagd auf Ticketkontrolleure 2.0: Der MVV-Blitzer. Artikel vom 13.7.2011. URL: http://jetzt.sueddeutsche.de/texte/anzeigen/527647 Stand: 17.8.2011.

[171] FineDroid: SchaffnerRadar beta. Eine App für Geräte mit Android Betriebssystem. URL:https://market.android.com/details?id=de.sradar Stand: 17.8.2011.

[172] de Souza Soares, Philipp Alvares: Kontrolleure gegen Schwarzfahrer – Das Schaffner-Radar. Artikel vom 9.8.2011. URL: http://www.faz.net/artikel/C30176/kontrolleure-gegen-schwarzfahrer-das-schaffner-radar-30481466.html Stand: 17.8.2011.

[173] Ohne Verfasser: Bahn dementiert 'Fang-Prämie'. Artikel vom 29.8.2009. URL: http://www.rp-online.de/panorama/deutschland/Bahn-dementiert-Fang-Praemie_aid_751131.html Stand: 29.8.2009.

[174] LarryLuca: Schwarzfahrplan Berlin 2007. Blogeintrag vom 1.6.2007. URL: http://larryluca.wordpress.com/2007/06/01/schwarzfahrplan-berlin-2007 Stand: 7.9.2009.

[175] - Ohne Verfasser (dpa): Mehr Schwarzfahrer bei BVG. Artikel vom 3.4.2009. URL: http://www.bz-berlin.de/aktuell/berlin/mehr-schwarzfahrer-bei-bvg-article416166.html Stand: 13.9.2009 [4% Schwarzfahrer];
- Ohne Verfasser (BZ Berlin): U-Bahn: 210 neue Sicherheits-Kräfte. 1. Juli 2011; URL: http://www.bz-berlin.de/aktuell/berlin/u-bahn-210-neue-sicherheits-kraefte-article1216717.html Stand: 29.7.2011 [3,5% Schwarzfahrer].

[176] Meisterlampe: Kriminalstatistik für Hannover 2008 – Wir sind die Hauptstadt der Schwarzfahrer. Artikel vom 16.6.2009. URL: http://hannovernet.org/index.php?option=com_content&task=view&id=707&Itemid=1 Stand: 7.9.2009.

[177] Gohsmann, Katja: Fahrgastverband kritisiert Schwarzfahrer-Offensive. Artikel vom 27.7.2009. URL: http://www.derwesten.de/nachrichten/im-westen/Fahrgastverband-kritisiert-Schwarzfahrer-Offensive-id833.html Stand: 13.9.2009.

[178] Ohne Verfasser (dpa): Jugendliche prügeln Fahrgast tot. Artikel vom 12.9.2009. URL: http://www.bz-berlin.de/aktuell/deutschland/jugendliche-pruegeln-fahrgast-tot-article580739.html Stand: 13.9.2009.

[179] Verkehrsverbund Rhein-Sieg GmbH: Mehr Zivilcourage in Bus und Bahn. 2010. URL: http://www.avv.de/uploads/media/zivilcourage_01.pdf Stand: 18.4.2011.

[180] Gewalttaten an Berliner Bahnhöfen Anfang 2011, URLs zu den Zeitungsartikeln, abgerufen am 27.7.2011:
- Februar: http://www.bild.de/regional/berlin/gewalt/der-grosse-berliner-gewalt-report-18887194.bild.html
- März: http://www.bild.de/regional/berlin/gewalt/der-grosse-berliner-gewalt-report-18887194.bild.html
- April: http://www.welt.de/vermischtes/weltgeschehen/article13261053/Der-Gewaltexzess-vom-U-Bahnhof-Friedrichstrasse.html
- Mai: http://www.tagesspiegel.de/berlin/polizei-justiz/zwei-verletzte-bei-erneuter-gewalt-in-berliner-bahnhoefen/4149186.html

[181] Ohne Verfasser: U-Bahn: 210 neue Sicherheits-Kräfte. 1. Juli 2011. URL: http://www.bz-berlin.de/aktuell/berlin/u-bahn-210-neue-sicherheits-kraefte-article1216717.html Stand: 29.7.2011;
Riedel, Daniel: Der große Berliner Gewalt-Report. 15. Juli 2011. URL: http://www.bild.de/regional/berlin/gewalt/der-grosse-berliner-gewalt-report-18887194.bild.html Stand: 29.7.2011.

[182] Frers 2007 (s. Fn. 24). S. 194.

[183] Fuhrin, Katharina: S-Bahn-Sicherheitspersonal: Kein Recht zum Freund und Helfer. 16.09.2009. URL: http://www.merkur-online.de/lokales/stadt-muenchen/s-bahn-sicherheitspersonal-kein-recht-freund-helfer-468620.html Stand: 26.7.2011.

[184] Die Bundespolizei trug bis 2005 die Bezeichnung "Bundesgrenzschutz".

[185] Gesetz über die Bundespolizei (BPolG) §1.

[186] Deutsche Bahn AG: Fußball- und Anreiseangebote zu allen Bundesligastadien. URL: http://www.bahn.de/p/view/service/fanecke/angebot/angebote.shtml Stand: 18.4.2011.

[187] Drei Beispiele über Gewalt im ÖPV:
- Ohne Verfasser (Kölner Stadtanzeiger): Betrunkene pöbeln in der Straßenbahn. Artikel vom 2.2.2010. URL: http://www.ksta.de/html/artikel/1265053922680.shtml Stand: 18.4.2011;
- rah (Abendzeitung): Fußball-Rowdys randalieren in der U-Bahn. Artikel vom 28.3.2010. URL: http://www.abendzeitung.de/muenchen/175650 Stand: 18.4.2011;
- Decker, D. / Kleineheilmann, G.: Betrunkene Fußball-Fans prügeln Schülerin bewusstlos. Artikel vom 2.7.2010. URL:

http://www.bild.de/BILD/regional/ruhrgebiet/aktuell/2010/07/02/bus-bahn-gewalt/betrunkene-fussball-fans-pruegeln-schuelerin-auf-bahnsteig-bewusstlos-sarah.html   Stand: 18.4.2011.

[188] ddp/dpa/PHJ: Polizei fordert Alkoholverbot in der Bahn. Artikel vom 19.10.2009 URL: http://www.welt.de/wirtschaft/article4892561/Polizei-fordert-Alkoholverbot-in-der-Bahn.html Stand: 18.4.2011.

[189] Burmester 2001 (s. Fn. 21). S. 11.

[190] Poppitz 2009 (s. Fn. 26). S. 78 und S. 213–215.

[191] Burmester 2001 (s. Fn. 21). S. 87f.

[192] Nassehi, Armin: Mit dem Taxi durch die Gesellschaft. Soziologische Storys. Murmann-Verlag Hamburg. 2010. Auszug von URL: http://www.welt.de/debatte/kommentare/article6491106/Gut-dass-wir-uns-fremd-geworden-sind.html   Stand: 31.12.2010.

[193] Graßhoff, Alexander: "Je größer die Anonymität, desto schlechter das Benehmen!". Artikel zur TV-Sendung vom 31.7.2008. URL: http://reporter.zdf.de/ZDFde/inhalt/10/0,1872,7274314,00.html   Stand: 18.4.2011.

[194] Poppitz 2009 (s. Fn. 26). S. 228 und S. 234.

[195] S-Bahn Berlin: Beförderungsbedingungen. URL: http://www.s-bahn-berlin.de/aboundtickets/allgemein.htm   Stand: 1.8.2010.

[196] Laninger, Tanja: Hunde müssen in Bus und Bahn Maulkorb tragen. Artikel vom 4.1.2010. URL: http://www.morgenpost.de/berlin/article1232839/Hunde-muessen-in-Bus-und-Bahn-Maulkorb-tragen.html   Stand: 5.2.2010.

[197] Heenes, Volker: Wie der Herr, so's Gescherr. Der Hundehalter ist entscheidend für die Gefährlichkeit eines Hundes. Artikel vom 2.8.2004. URL: http://www.uni-protokolle.de/nachrichten/id/62838/   Stand: 5.2.2010.

[198] In Berlin werden täglich 50 Tonnen Kot hinterlassen. (vgl. Lepping, Claudi: Berlin hat ein Problem. Artikel vom 15.4.2010. URL: http://www.stuttgarter-nachrichten.de/inhalt.millionen-hundehaufen-berlin-hat-ein-problem.cfceee86-21a9-4b6f-b562-24a21aa903b1.html   Stand: 31.12.2010).
       Eigene Berechnung des Autors: 50.000 kg Kot ÷ 150.000 Hunde = 333 g Kot pro Hund.
       In Hamburg sind es 'nur' 15 Tonnen. (vgl. ohne Verfasser: Hunde verursachen pro Tag 2.500 Tonnen Hundekot in Deutschland. Artikel vom 25.10.2005. URL: http://www.shortnews.de/id/593945/Hunde-verursachen-pro-Tag-2-500-Tonnen-Hundekot-in-Deutschland   Stand: 31.12.2010).

[199] Eigene Berechnungen des Autors:
       a) Europäer haben in der Regel tägliche Stuhlgewichte von 100–200 g (http://de.wikipedia.org/wiki/Stuhlgang) [also durchschnittlich 150 g].
       b) Berlin hatte 2009 3.443.570 Einwohner (http://de.wikipedia.org/wiki/Einwohnerentwicklung_von_Berlin).
       c) 150 g Kot/Tag * 3.443.570 Berliner = 516,5 Tonnen Kot/Tag.

[200] Fahrgastverband PRO Bahn e. V.: Entwicklung der Bahnpreise – Veränderungen während 60 Jahren. URL: http://www.pro-bahn.de/fakten/fahrpreise.htm   Stand: 1.6.2012.

[201] Ohne Verfasser: Bahn führt "Bedienzuschlag" ein. Artikel vom 29.8.2008: URL. http://www.handelsblatt.com/unternehmen/handel-dienstleister/bahn-fuehrt-bedienzuschlag-ein;2029546   Stand: 18.4.2011.

[202] th/AFP/ddp: Bahn kippt Bedienzuschlag. Artikel vom 12.9.2008. URL: http://www.focus.de/reisen/urlaubstipps/bahn/bahnpreiserhoehung-bahn-kippt-bedienzuschlag_aid_332779.html   Stand: 18.4.2011.

203 Persönliche Auskunft einer netten Dame unter der Servicenummer der Bahn (0180 5 99 66 33) am 4.10.2012.

204 Doll, Nikolaus: Deutsche Bahn erhöht im Dezember die Preise. Artikel vom 6.10.2009. URL: http://www.welt.de/wirtschaft/article4749871/Deutsche-Bahn-erhoeht-im-Dezember-die-Preise.html Stand: 18.4.2011.

205 ADAC: ADAC Autokosten 2012 – von Alfa bis Citroën. URL: http://www.adac.de/_mmm/pdf/autokostenuebersicht_a-d_47086.pdf Stand: 3.6.2012.

206 DieEinsparBerater: Kosten beim Bahnfahren. URL: http://www.dieeinsparinfos.de/guenstige-mobilitaet/bahn/kosten Stand: 3.6.2012.

207 Höfling, Michael/Schneider, Katharina: Die Bahn ist günstiger als das Auto. Welt am Sonntag, Artikel vom 30.9.07. URL: http://www.welt.de/finanzen/article1223622/Die-Bahn-ist-guenstiger-als-das-Auto.html Stand: 3.6.2012.

208 Verkehrsclub Deutschland: Intelligent mobil sein – Verkehrsmittel im Vergleich. URL: http://www.vcd.org/789.html Stand: 3.6.2012.

209 Reinecke/Zehrer 2010 (s. Fn. 42). S. 46f.

210 König, Tom: Verloren in der Tarif-Todeszone. Artikel vom 24.3.2012 URL: http://www.spiegel.de/wirtschaft/soziales/verwirrende-nahverkerstarife-in-muenchen-frankfurt-und-hamburg-a-816980.html Stand: 24.3.2012.

211 Frers, Lars 2007 (s. Fn. 24). S. 169.

212 Lobo, Sascha: Lob der Idiotie. Spiegel-Online, Artikel vom 9.2.2011. URL: http://www.spiegel.de/netzwelt/web/0,1518,744352,00.html Stand: 10.2.2011.

213 Doll, Nikolaus: Deutsche Bahn erhöht im Dezember die Preise. Artikel vom 6.10.2009. URL: http://www.welt.de/wirtschaft/article4749871/Deutsche-Bahn-erhoeht-im-Dezember-die-Preise.html Stand: 18.4.2011.

214 Allianz pro Schiene e. V.: Die zehn wichtigsten Gründe zur Förderung des Schienen-verkehrs. Januar 2008. URL: https://www.allianz-pro-schiene.de/publikationen/die-zehn-wichtigsten-gruende-zur-foerderung-des-schienenverkehrs Stand: 18.4.2011.

215 Ebendort.

216 Ebendort.

217 Büring, Harald: Entfernungspauschale für Fahrrad. Blogeintrag vom 30.5.2010. URL: http://blog.steuerberaten.de/privat/11_3658_entfernungspauschale-fur-fahrrad Stand: 18.4.2011.

218 Wikipedia: Entfernungspauschale. URL: http://de.wikipedia.org/wiki/Entfernungspauschale Stand: 18.4.2011.

219 Ebendort.

220 Bundesamt für Wirtschaft und Ausfuhrkontrolle: Abschlussbericht – Umweltprämie. 2010. S. 13. URL: http://www.bafa.de/bafa/de/wirtschaftsfoerderung/umweltpraemie/publikationen/ump_abschlussbericht.pdf Stand: 18.4.2011.

221 Poppitz 2009 (s. Fn. 26). S. 282.

222 Hilscher, Christian: Psychologische Beratung Online. URL: http://www.onlineberatung-therapie.de/stoerung/angst/phobien/siderodromophobie.html Stand: 1.8.2011.

223 Schmidbauer, Wolfgang: Das Buch der Ängste. Blumenbar Verlag. München 2007. S. 222.

224 Orth/Blinda 2012 (s. Fn. 16). S. 78f.

225 Das Zitat ist vereinfacht übersetzt. Das originale Zitat lautet "Democracy is the worst form of government, except for all those other forms that have been tried from time to time" (vgl. Hilton, Ronald: Democracy and Churchill. Artikel vom 9.5.2003. URL: http://wais.stanford.edu/Democracy/democracy_DemocracyAndChurchill%2809050 3%29.html Stand: 27.2.2011).

226 Poppitz 2009 (s. Fn. 26). S. 284.

227 Foto von Ivo Schmidt im September 2011.

228 Bosetzky 2000 (s. Fn. 135). S. 138.

229 Poppitz 2009 (s. Fn. 26). S. 95; 111; 108.

230 Ebendort. S. 73; 95; 108; 111.

231 Zusammenfassung der Studie des Stressforschers David Lewis in: Lehnen-Beyel, Ilka: Berufspendler – Mehr Stress als Kampfpiloten. Artikel vom 26.7.2005. URL: http://kn-citynews.de/de/einzelansicht-news/article/berufspendler-mehr-stress-als-kampfpiloten.html Stand: 04.10.2012.

232 Burmester 2001 (s. Fn. 21). S. 13.

233 (Ohne Verfasser) Ärztezeitung: Studie: Bus- und Bahnfahren macht schlank. Artikel vom 29.6.2010. URL: http://www.aerztezeitung.de/medizin/krankheiten/adipositas/article/609467/studie-bus-bahnfahren-macht-schlank.html Stand: 1.8.2011.

234 Meyer, Philippe et al.: Stairs instead of elevators at workplace: cardioprotective effects of a pragmatic intervention. Eur J Cardiovasc Prev Rehabil. 2010 Oct;17(5):569–75. Eine deutschsprachige Zusammenfassung findet sich unter dieser URL: http://www.fitforfun.de/sport/weitere-sportarten/treppensteigen-kalorienkiller-nr-1_aid_6325.html Stand: 1.8.2011.

235 Poppitz 2009 (s. Fn. 26). S. 283.

236 Burmester 2001 (s. Fn. 21). S. 75.

237 Haberecht 2006 (s. Fn. 28). S. 15. Den Begriff "höfliche Gleichgültigkeit" hat Haberecht einem soziologischen Standardwerk von Erving Goffman entliehen (vgl. Goffmann, Erving: Verhalten in sozialen Situationen. Strukturen und Regeln der Interaktion im öffentlichen Raum. Bertelsmann Verlag, Gütersloh 1971).